ROMANS ET CONTES

DE

VOLTAIRE

PUBLIÉS AVEC UNE INTRODUCTION
ET DES NOTICES

PAR

JACQUES BAINVILLE

TOME QUATRIÈME

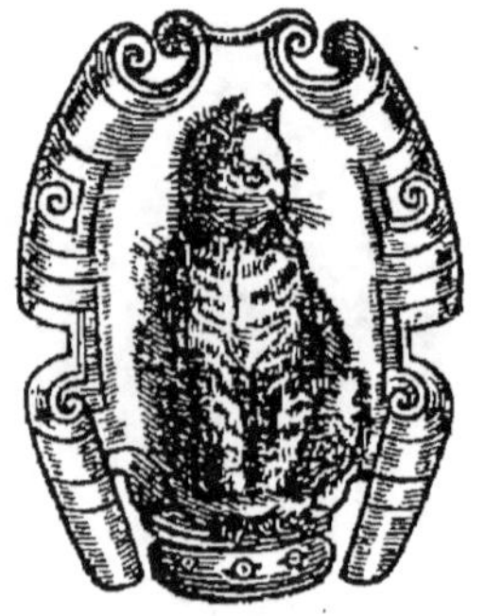

PARIS

A LA CITÉ DES LIVRES

27, RUE SAINT-SULPICE, 27

MDCCCCXXVI

ROMANS ET CONTES

DE

VOLTAIRE

ROMANS ET CONTES

DE

VOLTAIRE

PUBLIÉS AVEC UNE INTRODUCTION
ET DES NOTICES

PAR

JACQUES BAINVILLE

TOME QUATRIÈME

PARIS

A LA CITÉ DES LIVRES

27, RUE SAINT-SULPICE, 27

MDCCCCXXVI

NOTICE

POUR LES

CONTES DE CE VOLUME

Monsieur de Voltaire retombe en jeunesse. » Le mot célèbre de Mme d'Houdetot ne saurait mieux s'appliquer qu'au *Taureau blanc*. Voltaire avait soixante-dix-neuf ans lorsqu'il a écrit ce « conte gai » où il se moque à peu près de tout. Si l'on recherche bien, on peut y trouver jusqu'à une parodie de *Télémaque*, car le sage Mambrès ressemble comme un frère au sage Mentor. Le merveilleux de la mythologie grecque n'y est pas plus épargné que le merveilleux de la Bible. C'est, dans les deux cas, sans beaucoup de méchanceté. Voltaire s'amuse. Il s'en faut de peu que le *Taureau blanc* ne devienne une opérette, et l'on voit sur la scène des Variétés le chœur des prêtres égyptiens entonnant :

> *Notre bœuf est au tombeau,*
> *Nous en aurons un plus beau.*

Quand Voltaire a composé cette charge, il était dans les jours où Israël l'agaçait, et l'on serait presque tenté de parler de son antisémitisme. Dix ans avant, n'avait-il pas écrit une comédie-bouffe en prose (et il n'y a que très peu de pièces en prose dans son théâtre), dont le titre était *Saül* ? On y voit David danser, en chantant sur sa harpe :

> *Et vos chiens s'engraisseront*
> *De ce sang qu'ils lécheront.*

Sans doute Voltaire est mort dans l'irrespect final. C'est pourtant la dernière fois qu'il montre cette folle gaieté. Et c'est là aussi qu'il a laissé, comme un article de son testament littéraire, cette définition de l'art du conte : « Je veux, dit la belle Amaside, qu'un conte soit fondé sur la vraisemblance, et qu'il ne ressemble pas toujours à un rêve. Je désire qu'il n'ait rien de trivial ou d'extravagant. Je voudrais surtout que, sous le voile de la fable, il laissât entrevoir aux yeux exercés quelque vérité fine qui échappe au vulgaire. Je suis lasse du soleil et de la lune dont une vieille dispose à son gré, des montagnes qui dansent, des fleuves qui retournent à leur source, et des morts qui ressuscitent ; mais surtout, quand ces fadaises sont écrites d'un style ampoulé et inintelligible, cela me dégoûte horriblement. »

Le manuscrit du *Taureau blanc*, écrit en 1773, circulait à Paris, dès le mois de novembre de cette année-là. Le conte parut l'an d'après avec ce sous-titre : « Traduit du syriaque par Dom Calmet, à Memphis. » Memphis, c'était Genève. Une autre édition, de 1774 également, porte ce sous-titre non moins fantaisiste : « Traduit du syriaque par M. Mamaki, interprète du roi d'Angleterre pour les langues orientales. » Voltaire n'est point las de s'amuser. Dans cette deuxième édition, qui d'ordinaire fait foi, Voltaire a atténué quelques plaisanteries un peu crues de la première, et ce scrupule est rare chez lui. Toutefois, il ne peut se défendre de mêler un certain nombre de ses bêtes noires à l'histoire de son bœuf. « Ce fou d'Abbadie », dont il est question au début du chapitre IX, était l'auteur d'ouvrages sur la religion, de même que l'abbé d'Houteville. Quant au « professeur égyptien Linro », c'est toujours le bon Rollin, à qui Voltaire ne pardonnait pas « l'esprit et le cœur », bien qu'il fût mort depuis plus de trente ans.

L'Éloge historique de la raison, prononcé dans une académie de Province par M. de Chambon, a paru en 1775 à la suite de *Don Pèdre, roi de Castille*, tragédie, et autres pièces. M. de Chambon est un pseudonyme dont Voltaire s'était déjà servi quelquefois. Il écrivait à Frédéric de Prusse le 4 février 1775 : « Le vieux malade de Ferney s'est avisé de faire une tragédie qu'il prend la liberté de mettre aux pieds de Votre Majesté. Il vous supplie de ne pas la lire parce qu'elle n'en vaut pas la peine ; mais daignez au moins jeter un petit coup d'œil sur un petit *Voyage de la Raison et de la Vérité.* » Ainsi Voltaire préférait toujours ses contes, et il ne se trompait pas, bien que son aperçu de l'histoire universelle soit ici assez court. Mais ne sera-t-on pas surpris de l'y trouver presque bénisseur ? Toutefois, Voltaire, dans son optimisme, est prudent. Et il a soin, pour finir, que la Raison prévoie les « orages » futurs.

Ce nouveau « Voyage » mène le lecteur à travers un monde transformé. Voici sans doute Catherine et Marie-Thérèse et Stanislas-Auguste Poniatowski que nous avons vus ailleurs. Mais le premier partage de la Pologne a eu lieu. Joseph II règne. Louis XVI aussi et Voltaire le félicite de s'être fait vacciner. Gustave III, en Suède, vient de réussir son coup d'État ; il est pareillement félicité. L'indépendance de l'Amérique est annoncée. Et l'on voit apparaître le bonhomme Franklin avec son paratonnerre. Jusqu'au bout, Voltaire aura eu le sens de l'actualité.

L'Histoire de Jenni, ou le Sage et l'Athée, par M. Sherloc, traduit par M. de la Caille, est de 1775 (Londres, c'est-à-dire Genève). Le conte commence de la façon la plus alerte par le récit de dona Las Nalgas. Il faut avouer que la suite est moins amusante et que les aventures de Jenni chez les Indiens, coupées de dialogues philoso-phiques, languissent un peu. Voltaire réfute l'athéisme avec abondance et même avec violence. Il va jusqu'à dire qu' « un roi athée est plus dangereux qu'un Ravaillac fanatique ». Enfin, avant de mourir, il tient à répéter sous une autre forme que si Dieu n'existait pas il faudrait l'inventer.

C'est aussi en 1775, dans la dix-septième partie des *Nouveaux mélanges* que Voltaire a fait paraître *Les oreilles*

du Comte de Chesterfield et le Chapelain Goudman. Encore
une conversation sur toutes sortes de sujets qui ne ressemble
que de fort loin à un conte. Voltaire, si près de la tombe,
a encore une verve prodigieuse. Mais il faut avouer que
l'intérêt faiblit un peu.

C'est par *Les oreilles du Comte de Chesterfield* que se ter-
mine ordinairement la série des romans et contes en prose
de Voltaire. Toutefois, le recueil de 1778 contient un certain nombre de récits glanés dans l'œuvre de Voltaire, et
qui ne sont nullement indignes de son art de conteur. Nous
les reproduisons, car, ainsi que nous l'avons dit dans notre
introduction générale, on se contenterait d'une méthode
paresseuse en ne poussant pas les recherches plus loin.
Selon l'ordre adopté pour l'édition de 1778, ces récits sont
les suivants :

*Le roi de Boutan (Jusqu'à quel point on doit tromper le
peuple)*, qui vient des *Mélanges* de littérature et d'histoire;

*Autre temps, autre façon de voir, histoire d'Ardassan Ou-
gli*, qui forme la section première de l'article *Maître*, dans
le *Dictionnaire philosophique*;

Contes Arabes et Indiens, extraits en partie de l'article
Arabes, du *Dictionnaire*, et des *Fragments sur l'Inde*;

Le Danger d'avoir raison est l'article *Raison* du *Dictionnaire*; *Voyage au ciel* est extrait de l'article *Dogmes*, du
Dictionnaire aussi;

Enfin, *Le Hibou et les Oiseaux* est encore du *Dictionnaire*,
à la section IV de l'article *Gouvernement*.

Remarquons tout de suite, par souci d'établir un texte
correct, que, dans le recueil de 1778, le « Conte arabe »
s'ouvre par quelques lignes qui ne se trouvent pas dans le
Dictionnaire philosophique et qui semblent être de la main
de l'éditeur. Le « Conte indien » qui le suit lui est soudé
assez gauchement par quelques lignes dont le caractère
postiche est, du coup, tout à fait net. Ces lignes, nous les
avons également supprimées, car il n'y a rien de pareil dans
les *Fragments historiques sur l'Inde,* et nous les avons rem-
placées par de simples astérisques. Nous avons aussi repris

quelques lignes plus haut, l'histoire de l'Amphitryon indien.

Notons encore que, dans le *Voyage au ciel*, l'édition de 1778 ajoute plusieurs noms à la liste des grands hommes qui jugent les morts. Le texte du *Dictionnaire philosophique* ne contient ni Cicéron, ni Montaigne, ni La Mothe le Vayer, ni Pibrac, ni Locke, ni Fénelon, ni d'Aguesseau, ni Montesquieu, ni Helvétius. Il est à croire que l'éditeur a voulu faire plaisir à son public par ces additions.

A ces fables en prose, nous avons joint quelques pièces qui ont le même caractère que plusieurs des contes et qui, dans les œuvres complètes de Voltaire, sont rangées sous des rubriques diverses. De même que *Jusqu'à quel point on doit tromper le peuple*, et aussitôt après, les éditeurs de Kehl placent *Timon* à « Politique et Législation ». Ce *Timon*, qui avait été imprimé d'abord sous ce titre : *Sur le paradoxe que les sciences ont nui aux mœurs*, est une parabole dirigée contre Jean-Jacques Rousseau.

Dans la collection des « Facéties parisiennes » on trouve encore quelques morceaux fort brillants qui complètent fort bien notre recueil. Pourquoi, auprès de tels petits contes, ne ferait-on pas figurer *Femmes soyez soumises à vos maris, De l'horrible danger de la lecture, Rescrit de l'Empereur de la Chine*? Mais surtout ce curieux *Pot Pourri*, où Voltaire a mis trois ou quatre contes qui s'enroulent avec fantaisie autour de l'histoire de Brioché, père de Polichinelle, nous a paru digne d'être reproduit ici. Il n'est pas très connu et nous croyons qu'on le lira avec plaisir.

Enfin, parmi les *Dialogues*, il y en a quatre au moins, ceux que nous reproduisons, qui ont un caractère plus plaisant et plus enjoué que les autres, qui sont plus particulièrement spirituels et littéraires. Dans l'un, c'est Mme de Maintenon qui cause avec Ninon de Lenclos; dans l'autre Tullia, fille de Cicéron, assiste à la toilette de Mme de Pompadour et réconcilie les anciens et les modernes. Ce sont de vraies pages d'anthologie et qui délassent des homélies de M. Freind.

Nous avons réimprimé aussi le *Galimatias dramatique* à cause de sa verve. Quant au dialogue du Brachmane et du Jésuite, il nous a paru intéressant parce que Voltaire y revient, d'une manière nouvelle, sur son idée favorite de l'enchaînement nécessaire des choses de ce monde. C'est en quelque sorte un appendice de *Candide*.

Ainsi, nous croyons avoir rassemblé pour la première fois tout ce que Voltaire a écrit dans le même goût que les contes, et dans la même direction. Nous croyons en avoir constitué une collection aussi complète que possible.

LE TAUREAU BLANC

TRADUIT DU SYRIAQUE

PAR M. MAMAKI

INTERPRÈTE DU ROI D'ANGLETERRE POUR LES LANGUES ORIENTALES

LE TAUREAU BLANC

CHAPITRE PREMIER

COMMENT LA PRINCESSE AMASIDE RENCONTRE UN BŒUF

LA jeune princesse Amaside, fille d'Amasis, roi de Tanis en Égypte, se promenait sur le chemin de Péluse avec les dames de sa suite. Elle était plongée dans une tristesse profonde; les larmes coulaient de ses beaux yeux. On sait quel était le sujet de sa douleur, et combien elle craignait de déplaire au roi son père par sa douleur même. Le vieillard Mambrès, ancien mage et eunuque des pharaons, était auprès d'elle, et ne la quittait presque jamais. Il la vit naître, il l'éleva, il lui enseigna tout ce qu'il est permis à une belle princesse de savoir des sciences de l'Égypte. L'esprit d'Amaside égalait sa beauté; elle était aussi sensible, aussi tendre que charmante, et c'était cette sensibilité qui lui coûtait tant de pleurs.

La princesse était âgée de vingt-quatre ans; le mage Mambrès en avait environ treize cents. C'était lui, comme on sait, qui avait eu avec le grand Moïse cette dispute fameuse dans laquelle la victoire fut longtemps balancée entre ces deux profonds philosophes. Si Mambrès succomba, ce ne fut que par la protection visible des puissances célestes, qui favorisèrent son rival; il fallut des dieux pour vaincre Mambrès.

Amasis le fit surintendant de la maison de sa fille, et il s'acquittait de cette charge avec sa sagesse ordinaire : la belle Amaside l'attendrissait par ses soupirs. « O mon amant! mon jeune et cher amant! s'écriait-elle quelquefois; ô le plus grand des vainqueurs, le plus accompli, le plus beau des hommes! quoi! depuis près de sept ans tu as disparu de la terre! Quel dieu t'a enlevé à ta tendre Amaside? Tu n'es point mort, les savants prophètes de l'Égypte en conviennent; mais tu es mort pour moi, je suis seule sur la terre, elle est déserte. Par quel étrange prodige as-tu abandonné ton trône et ta maîtresse? Ton trône! il était le premier du monde, et c'est peu de chose; mais moi, qui t'adore, ô mon cher Na...! » Elle allait achever. « Tremblez de prononcer ce nom fatal, lui dit le sage Mambrès, ancien eunuque et mage des pharaons. Vous seriez peut-être décelée par quelqu'une de vos dames du palais. Elles vous sont toutes dévouées, et toutes les belles dames se font sans doute un mérite de servir les nobles passions des belles princesses; mais enfin il peut se trouver une indiscrète, et même à toute force une perfide. Vous savez que le roi votre père, qui d'ailleurs vous aime, a juré de vous faire couper le cou si vous prononciez ce nom terrible, toujours prêt à vous échapper. Pleurez, mais taisez-vous. Cette loi est bien dure, mais vous n'avez pas été élevée dans la sagesse égyptienne pour ne savoir pas commander à votre langue. Songez qu'Harpocrate, l'un de nos plus grands dieux, a toujours le doigt sur sa bouche. » La belle Amaside pleura, et ne parla plus.

Comme elle avançait en silence vers les bords du Nil, elle aperçut de loin, sous un bocage baigné par le fleuve, une vieille femme couverte de lambeaux gris, assise sur un tertre. Elle avait auprès d'elle une ânesse, un chien, un bouc. Vis-à-vis d'elle était un serpent qui n'était pas comme les serpents ordinaires, car ses yeux étaient aussi tendres qu'animés ; sa physionomie était noble et intéressante ; sa peau brillait des couleurs les plus vives et les plus douces. Un énorme poisson, à moitié plongé dans le fleuve, n'était pas la moins étonnante personne de la compagnie. Il y avait sur une branche un corbeau et un pigeon. Toutes ces créatures semblaient avoir ensemble une conversation assez animée.

« Hélas ! dit la princesse tout bas, ces gens-là parlent sans doute de leurs amours et il ne m'est pas permis de prononcer le nom de ce que j'aime ! »

La vieille tenait à la main une chaîne légère d'acier, longue de cent brasses, à laquelle était attaché un taureau qui paissait dans la prairie. Ce taureau était blanc, fait au tour, potelé, léger même, ce qui est bien rare. Ses cornes étaient d'ivoire. C'était ce qu'on vit jamais de plus beau dans son espèce. Celui de Pasiphaé, celui dont Jupiter prit la figure pour enlever Europe, n'approchaient pas de ce superbe animal. La charmante génisse en laquelle Isis fut changée aurait à peine été digne de lui.

Dès qu'il vit la princesse, il courut vers elle avec la rapidité d'un jeune cheval arabe qui franchit les vastes plaines et les fleuves de l'antique Saana pour s'approcher de la brillante cavale qui règne dans son cœur, et qui fait dresser ses oreilles. La vieille faisait ses efforts pour le retenir; le serpent semblait l'épouvanter par ses sifflements; le chien le suivait et lui mordait ses belles jambes; l'ânesse traversait son chemin et lui détachait des ruades pour le faire retourner. Le gros poisson remontait le Nil, et, s'élançant hors de l'eau, menaçait de le dévorer; le bouc restait immobile et saisi de crainte; le corbeau voltigeait autour de la tête du taureau, comme s'il eût voulu s'efforcer de lui crever les yeux. La colombe seule l'accompagnait par curiosité, et lui applaudissait par un doux murmure.

Un spectacle si extraordinaire rejeta Mambrès dans ses sérieuses pensées. Cependant le taureau blanc, tirant après lui sa chaîne et la vieille, était déjà parvenu auprès de la princesse, qui était saisie d'étonnement et de peur. Il se jette à ses pieds, il les baise, il verse des larmes, il la regarde avec des yeux où régnait un mélange inouï de douleur et de joie. Il n'osait mugir, de peur d'effaroucher la belle Amaside. Il ne pouvait parler. Un faible usage de la voix, accordé par le Ciel à quelques animaux, lui était interdit; mais toutes ses actions étaient éloquentes. Il plut beaucoup à la princesse. Elle sentit qu'un léger amusement pouvait suspendre pour quelques moments les chagrins les plus douloureux. « Voilà, disait-elle, un animal bien aimable: je voudrais l'avoir dans mon écurie. »

A ces mots, le taureau plia les quatre genoux et baisa la terre. « Il m'entend! s'écria la princesse; il me témoigne qu'il veut m'appartenir. Ah! divin mage, divin eunuque, donnez-moi cette consolation, achetez ce beau chérubin[1]; faites le prix avec la vieille, à laquelle il appartient sans doute. Je veux que cet animal soit à moi; ne me refusez pas cette consolation innocente. » Toutes les dames du palais joignirent leurs instances aux prières de la princesse. Mambrès se laissa toucher, et alla parler à la vieille.

1. *Chérub*, en chaldéen et en syriaque, signifie un *bœuf*.

CHAPITRE II

MADAME, lui dit-il, vous savez que les filles, et surtout les princesses, ont besoin de se divertir. La fille du roi est folle de votre taureau ; je vous prie de nous le vendre ; vous serez payée argent comptant.

— Seigneur, lui répondit la vieille, ce précieux animal n'est point à moi. Je suis chargée, moi et toutes les bêtes que vous avez vues, de le garder avec soin, d'observer toutes ses démarches, et d'en rendre compte. Dieu me préserve de vouloir jamais vendre cet animal impayable ! »

Mambrès, à ce discours, se sentit éclairé de quelques traits d'une lumière confuse qu'il ne démêlait pas encore. Il regarda la vieille au manteau gris avec plus d'attention. « Respectable dame, lui dit-il, ou je me trompe, ou je vous ai vue autrefois. — Je ne me trompe pas, répondit la vieille ; je vous ai vu, Seigneur, il y a sept cents ans dans un voyage que je fis de Syrie en Égypte, quelques mois après la destruction de Troie, lorsque Hiram régnait à Tyr, et Népher-khérès sur l'antique Égypte.

— Ah ! Madame, s'écria le vieillard, vous êtes l'auguste pythonisse d'Endor. — Et vous,

Seigneur, lui dit la pythonisse en l'embrassant, vous êtes le grand Mambrès d'Égypte.

— O rencontre imprévue ! jour mémorable ! décrets éternels ! dit Mambrès ; ce n'est pas, sans doute, sans un ordre de la Providence universelle que nous nous retrouvons dans cette prairie sur les rivages du Nil, près de la superbe ville de Tanis. Quoi ! c'est vous, Madame, qui êtes si fameuse sur les bords de votre petit Jourdain, et la première personne du monde pour faire venir des ombres ! — Quoi ! c'est vous, Seigneur, qui êtes si fameux pour changer les baguettes en serpents, le jour en ténèbres, et les rivières en sang ! — Oui, Madame ; mais mon grand âge affaiblit une partie de mes lumières et de ma puissance. J'ignore d'où vous vient ce beau taureau blanc, et qui sont ces animaux qui veillent avec vous autour de lui. » La vieille se recueillit, leva les yeux au ciel, puis répondit en ces termes :

« Mon cher Mambrès, nous sommes de la même profession ; mais il m'est expressément défendu de vous dire quel est ce taureau. Je puis vous satisfaire sur les autres animaux. Vous les reconnaîtrez aisément aux marques qui les caractérisent. Le serpent est celui qui persuada Ève de manger une pomme, et d'en faire manger à son mari. L'ânesse est celle qui parla dans un chemin creux à Balaam, votre contemporain. Le poisson qui a toujours sa tête hors de l'eau est celui qui avala Jonas, il y a quelques années. Ce chien est celui qui suivit l'ange Raphaël et le jeune Tobie dans le voyage qu'ils firent à Ragès en Médie, du temps du grand Salmanasar. Ce bouc est celui qui expie tous les péchés d'une nation. Ce corbeau et ce pigeon sont ceux qui étaient dans l'arche de Noé : grand événement, catastrophe universelle que presque toute la terre ignore encore! Vous voilà au fait. Mais, pour le taureau, vous n'en saurez rien. »

Mambrès écoutait avec respect. Puis il dit : « L'Eternel révèle ce qu'il veut et à qui il veut, illustre pythonisse. Toutes cēs bêtes, qui sont commises avec vous à la garde du taureau blanc, ne sont connues que de votre généreuse et agréable nation, qui est elle-même inconnue à presque tout le monde. Les merveilles que vous et les vôtres, et moi et les miens, nous avons opérées, seront un jour un grand sujet de doute et de scandale pour les faux sages. Heureusement elles trouveront croyance chez les sages véritables qui seront soumis aux voyants dans une petite partie du monde, et c'est tout ce qu'il faut. »

Comme il prononçait ces paroles, la princesse le tira par la manche, et lui dit : « Mambrès, est-ce que vous ne m'achèterez pas mon taureau ?» Le mage, plongé dans une rêverie profonde, ne répondit rien ; et Amaside versa des larmes.

Elle s'adressa alors elle-même à la vieille, et lui dit : « Ma bonne, je vous conjure, par tout ce que vous avez de plus cher au monde, par votre père, par votre mère, par votre nourrice, qui sans doute vivent encore, de me vendre non seulement

votre taureau, mais aussi votre pigeon, qui lui
paraît fort affectionné. Pour vos autres bêtes, je
n'en veux point, mais je suis fille à tomber malade
de vapeurs si vous ne me vendez ce charmant
taureau blanc, qui fera toute la douceur de ma
vie. »

La vieille lui baisa respectueusement les franges
de sa robe de gaze, et lui dit : « Princesse, mon
taureau n'est point à vendre, votre illustre mage
en est instruit. Tout ce que je pourrais faire pour
votre service, ce serait de le mener paître tous les
jours près de votre palais; vous pourriez le
caresser, lui donner des biscuits, le faire danser à
votre aise. Mais il faut qu'il soit continuellement
sous les yeux de toutes les bêtes qui m'accom-
pagnent, et qui sont chargées de sa garde. S'il ne
veut point s'échapper, elles ne lui feront point de
mal ; mais, s'il essaye encore de rompre sa chaîne,
comme il a fait dès qu'il vous a vue, malheur à
lui ! je ne répondrais pas de sa vie. Ce gros poisson que vous voyez l'avalerait infailliblement, et
le garderait plus de trois jours dans son ventre;
ou bien ce serpent, qui vous a paru peut-être
assez doux et assez aimable, lui pourrait faire
une piqûre mortelle. »

Le taureau blanc, qui entendait à merveille
tout ce que disait la vieille, mais qui ne pouvait
parler, accepta toutes ses propositions d'un air
soumis. Il se coucha à ses pieds, mugit douce-
ment, et, regardant Amaside avec tendresse, il
semblait lui dire : « Venez me voir quelquefois

sur l'herbe. » Le serpent prit alors la parole, et dit : « Princesse, je vous conseille de faire aveuglément tout ce que Mlle d'Endor vient de vous dire. » L'ânesse dit aussi son mot, et fut de l'avis du serpent. Amaside était affligée que ce serpent et cette ânesse parlassent si bien, et qu'un beau taureau, qui avait les sentiments si nobles et si tendres, ne pût les exprimer. « Hélas ! rien n'est plus commun à la cour, disait-elle tout bas ; on y voit tous les jours de beaux seigneurs qui n'ont point de conversation, et des malotrus qui parlent avec assurance.

— Ce serpent n'est point un malotru, dit Mambrès ; ne vous y trompez pas : c'est peut-être la personne de la plus grande considération. »

Le jour baissait ; la princesse fut obligée de s'en retourner, après avoir bien promis de revenir le lendemain à la même heure. Ses dames du palais étaient émerveillées, et ne comprenaient rien à ce qu'elles avaient vu et entendu. Mambrès faisait ses réflexions. La princesse, songeant que le serpent avait appelé la vieille *mademoiselle*, conclut au hasard qu'elle était pucelle, et sentit quelque affliction de l'être encore : affliction respectable, qu'elle cachait avec autant de scrupule que le nom de son amant.

CHAPITRE III

LA belle princesse recommanda le secret à ses dames sur ce qu'elles avaient vu. Elles le promirent toutes, et en effet le gardèrent un jour entier. On peut croire qu'Amaside dormit peu cette nuit. Un charme inexplicable lui rappelait sans cesse l'idée de son beau taureau. Dès qu'elle put être en liberté avec son sage Mambrès, elle lui dit : « O sage ! cet animal me tourne la tête. — Il occupe beaucoup la mienne, dit Mambrès. Je vois clairement que ce chérubin est fort au-dessus de son espèce. Je vois qu'il y a là un grand mystère, mais je crains un événement funeste. Votre père Amasis est violent et soupçonneux ; toute cette affaire exige que vous vous conduisiez avec la plus grande prudence.

— Ah ! dit la princesse, j'ai trop de curiosité pour être prudente ; c'est la seule passion qui puisse se joindre dans mon cœur à celle qui me dévore pour l'amant que j'ai perdu. Quoi ! ne pourrai-je savoir ce que c'est que ce taureau blanc qui excite dans moi un trouble si inouï ?

— Madame, lui répondit Mambrès, je vous ai avoué déjà que ma science baisse à mesure que mon âge avance ; mais je me trompe fort, ou le serpent est instruit de ce que vous avez tant d'envie de savoir. Il a de l'esprit; il s'explique en bons termes; il est accoutumé depuis longtemps à se mêler des affaires des dames. — Ah! sans doute, dit Amaside, c'est ce beau serpent de l'Égypte qui, en se mettant la queue dans la bouche, est le symbole de l'éternité, qui éclaire le monde dès qu'il ouvre les yeux, et qui l'obscurcit dès qu'il les ferme. — Non, Madame. — C'est donc le serpent d'Esculape? — Encore moins. — C'est peut-être Jupiter sous la forme d'un serpent? — Point du tout. — Ah! je vois, c'est votre baguette que vous changeâtes autrefois en serpent? — Non, vous dis-je, Madame; mais tous ces serpents-là sont de la même famille. Celui-là a beaucoup de réputation dans son pays; il y passe pour le plus habile serpent qu'on ait jamais vu. Adressez-vous à lui. Toutefois je vous avertis que c'est une entreprise fort dangereuse. Si j'étais à votre place, je laisserais là le taureau, l'ânesse, le serpent, le poisson, le chien, le bouc, le corbeau et la colombe. Mais la passion vous emporte; tout ce que je puis faire est d'en avoir pitié, et de trembler. »

La princesse le conjura de lui procurer un tête-à-tête avec le serpent. Mambrès, qui était bon, y consentit; et, en réfléchissant toujours profondément, il alla trouver sa pythonisse. Il lui exposa la fantaisie de sa princesse avec tant d'insinuation qu'il la persuada.

La vieille lui dit donc qu'Amaside était la maîtresse; que le serpent savait très bien vivre; qu'il

était fort poli avec les dames; qu'il ne demandait
pas mieux que de les obliger, et qu'il se trouverait au rendez-vous.

Le vieux mage revint apporter à la princesse
cette bonne nouvelle; mais il craignait encore
quelque malheur, et faisait toujours ses réflexions :
« Vous voulez parler au serpent, Madame; ce sera
quand il plaira à Votre Altesse. Souvenez-vous
qu'il faut beaucoup le flatter, car tout animal est
pétri d'amour-propre, et surtout lui. On dit même
qu'il fut chassé autrefois d'un beau lieu pour son
excès d'orgueil. — Je ne l'ai jamais ouï dire, repartit la princesse. — Je le crois bien », reprit le vieillard. Alors il lui apprit tous les bruits qui avaient
couru sur ce serpent si fameux. « Mais, Madame,
quelque aventure singulière qui lui soit arrivée,
vous ne pouvez arracher son secret qu'en le flat-
tant. Il passe dans un pays voisin pour avoir joué
autrefois un tour pendable aux femmes; il est juste
qu'à son tour une femme le séduise. — J'y ferai
mon possible », dit la princesse.

Elle partit donc avec ses dames du palais et le
bon mage eunuque. La vieille alors faisait paître
le taureau blanc assez loin. Mambrès laissa Amaside en liberté, et alla entretenir sa pythonisse.
La dame d'honneur causa avec l'ânesse; les dames
de compagnie s'amusèrent avec le bouc, le chien,
le corbeau et la colombe; pour le gros poisson,
qui faisait peur à tout le monde, il se replongea
dans le Nil par ordre de la vieille.

Le serpent alla aussitôt au-devant de la belle

Amaside dans le bocage, et ils eurent ensemble cette conversation.

LE SERPENT

Vous ne sauriez croire combien je suis flatté, Madame, de l'honneur que Votre Altesse daigne me faire.

LA PRINCESSE

Monsieur, votre grande réputation, la finesse de votre physionomie et le brillant de vos yeux m'ont aisément déterminée à rechercher ce tête-à-tête. Je sais, par la voix publique (si elle n'est point trompeuse), que vous avez été un grand seigneur dans le ciel empyrée.

LE SERPENT

Il est vrai, Madame, que j'y avais une place assez distinguée. On prétend que je suis un favori disgracié : c'est un bruit qui a couru d'abord dans l'Inde[1]. Les brahmanes sont les premiers qui ont donné une longue histoire de mes aventures. Je ne doute pas que des poètes du Nord n'en fassent un jour un poème épique bien bizarre, car, en vérité, c'est tout ce qu'on en peut faire. Mais je ne suis pas tellement déchu que je n'aie encore dans ce globe-ci un domaine très considérable. J'oserais presque dire que toute la terre m'appartient.

---

1. Les brahmanes furent en effet les premiers qui imaginèrent une révolte dans le ciel, et cette fable servit longtemps après de canevas à l'histoire de la guerre des géants contre les dieux, et à quelques autres histoires.

LA PRINCESSE

Je le crois, Monsieur, car on dit que vous avez le talent de persuader tout ce que vous voulez, et c'est régner que de plaire.

LE SERPENT

J'éprouve, Madame, en vous voyant et en vous écoutant, que vous avez sur moi cet empire qu'on m'attribue sur tant d'autres âmes.

LA PRINCESSE

Vous êtes, je le crois, un aimable vainqueur. On prétend que vous avez subjugué bien des dames, et que vous commençâtes par notre mère commune, dont j'ai oublié le nom.

LE SERPENT

On me fait tort : je lui donnai le meilleur conseil du monde. Elle m'honorait de sa confiance. Mon avis fut qu'elle et son mari devaient se gorger du fruit de l'arbre de la science. Je crus plaire en cela au Maître des choses. Un arbre si nécessaire au genre humain ne me paraissait pas planté pour être inutile. Le Maître aurait-il voulu être servi par des ignorants et des idiots? L'esprit n'est-il pas fait pour s'éclairer, pour se perfectionner? Ne faut-il pas connaître le bien et le mal pour faire l'un et pour éviter l'autre? Certainement on me devait des remerciements.

LA PRINCESSE

Cependant on dit qu'il vous en arriva mal. C'est apparemment depuis ce temps-là que tant de ministres ont été punis d'avoir donné de bons conseils, et que tant de vrais savants et de grands génies ont été persécutés pour avoir écrit des choses utiles au genre humain.

LE SERPENT

Ce sont apparemment mes ennemis, Madame, qui vous ont fait ces contes. Ils vont criant que je suis mal en cour. Une preuve que j'y ai un très grand crédit, c'est qu'eux-mêmes avouent que j'entrai dans le conseil quand il fut question d'éprouver le bonhomme Job, et que j'y fus encore appelé quand on y prit la résolution de tromper un certain roitelet nommé Achab[1] : ce fut moi seul qu'on chargea de cette noble commission.

LA PRINCESSE

Ah ! Monsieur, je ne crois pas que vous soyez fait pour tromper. Mais, puisque vous êtes toujours dans le ministère, puis-je vous demander une grâce ? J'espère qu'un seigneur si aimable ne me refusera pas.

---

1. Troisième livre des *Rois*, chap. XXII, v. 21 et 22. Le Seigneur dit : « Qui trompera Achab, roi d'Israël, afin qu'il marche en Ramoth de Galaad, et qu'il y tombe ? » Et un esprit s'avança, et se présenta devant le Seigneur, et lui dit : « C'est moi qui le tromperai. » Et le Seigneur lui dit : « Comment ? Oui, tu le tromperas, et tu prévaudras. Va, et fais ainsi. »

LE SERPENT

Madame, vos prières sont des lois. Qu'ordonnez-vous ?

LA PRINCESSE

Je vous conjure de me dire ce que c'est que ce beau taureau blanc pour qui j'éprouve dans moi des sentiments incompréhensibles qui m'attendrissent et qui m'épouvantent. On m'a dit que vous daigneriez m'en instruire.

LE SERPENT

Madame, la curiosité est nécessaire à la nature humaine, et surtout à votre aimable sexe ; sans elle, on croupirait dans la plus honteuse ignorance. J'ai toujours satisfait, autant que je l'ai pu, la curiosité des dames. On m'accuse de n'avoir eu cette complaisance que pour faire dépit au Maître des choses. Je vous jure que mon seul but serait de vous obliger ; mais la vieille a dû vous avertir qu'il y a quelque danger pour vous dans la révélation de ce secret.

LA PRINCESSE

Ah ! c'est ce qui me rend encore plus curieuse.

LE SERPENT

Je reconnais là toutes les belles dames à qui j'ai rendu service.

LA PRINCESSE

Si vous êtes sensible, si tous les êtres se doivent des secours mutuels, si vous avez pitié d'une infortunée, ne me refusez pas.

LE SERPENT

Vous me fendez le cœur; il faut vous satisfaire; mais ne m'interrompez pas.

LA PRINCESSE

Je vous le promets.

LE SERPENT

Il y avait un jeune roi, beau, fait à peindre, amoureux, aimé...

LA PRINCESSE

Un jeune roi! beau, fait à peindre, amoureux, aimé! et de qui? et quel était ce roi? et quel âge avait-il? qu'est-il devenu? où est-il? où est son royaume? quel est son nom?

LE SERPENT

Ne voilà-t-il pas que vous m'interrompez, quand j'ai commencé à peine. Prenez garde : si vous n'avez pas plus de pouvoir sur vous-même, vous êtes perdue.

LA PRINCESSE

Ah! pardon, Monsieur, cette indiscrétion ne m'arrivera plus ; continuez, de grâce.

LE SERPENT

Ce grand roi, le plus aimable et le plus valeureux des hommes, victorieux partout où il avait porté ses armes, rêvait souvent en dormant ; et, quand il oubliait ses rêves, il voulait que ses mages s'en ressouvinssent, et qu'ils lui apprissent ce qu'il avait rêvé, sans quoi il les faisait tous pendre, car rien n'est plus juste. Or, il y a bientôt sept ans qu'il songea un beau songe dont il perdit la mémoire en se réveillant ; et un jeune Juif, plein d'expérience, lui ayant expliqué son rêve, cet aimable roi fut soudain changé en bœuf[1] : car...

LA PRINCESSE

Ah ! c'est mon cher Nabu...

Elle ne put achever ; elle tomba évanouie. Mambrès, qui écoutait de loin, la vit tomber, et la crut morte.

---

1. Toute l'antiquité employait indifféremment les termes de *bœuf* et de *taureau*.

CHAPITRE IV

COMMENT ON VOULUT SACRIFIER LE BŒUF
ET EXORCISER LA PRINCESSE

MAMBRÈS court à elle en pleurant. Le serpent est attendri ; il ne peut pleurer, mais il siffle d'un ton lugubre ; il crie : « Elle est morte ! » L'ânesse répète : « Elle est morte ! » Le corbeau le redit ; tous les autres animaux paraissaient saisis de douleur, excepté le poisson de Jonas, qui a toujours été impitoyable. La dame d'honneur, les dames du palais, arrivent et s'arrachent les cheveux. Le taureau blanc, qui paissait au loin, et qui entend leurs clameurs, court au bosquet, et entraîne la vieille avec lui en poussant des mugissements dont les échos retentissent. En vain toutes les dames versaient sur Amaside expirante leurs flacons d'eau de rose, d'œillet, de myrte, de benjoin, de baume de la Mecque, de cannelle, d'amomum, de gérofle, de muscade, d'ambre gris : elle n'avait donné aucun signe de vie ; mais, dès qu'elle sentit le beau taureau blanc à ses côtés, elle revint à elle plus fraîche, plus belle, plus animée que jamais. Elle donna cent baisers à cet animal charmant, qui penchait languissamment sa tête sur son sein d'albâtre. Elle l'appelle : « Mon maître, mon roi, mon cœur, ma vie. » Elle passe ses bras d'ivoire autour de ce cou plus blanc que la neige. La paille légère s'attache moins fortement à l'ambre, la vigne à l'ormeau, le lierre au chêne. On entendait le doux murmure de ses soupirs ; on voyait ses yeux, tantôt étincelants d'une tendre flamme, tantôt offusqués par ces larmes précieuses que l'amour fait répandre.

On peut juger dans quelle surprise la dame d'honneur d'Amaside et les dames de compagnie étaient plongées. Dès qu'elles furent rentrées au palais, elles racontèrent toutes à leurs amants cette aventure étrange, et chacune avec des circonstances différentes, qui en augmentaient la singularité, et qui contribuent toujours à la variété de toutes les histoires.

Dès qu'Amasis, roi de Tanis, en fut informé, son cœur royal fut saisi d'une juste colère. Tel fut le courroux de Minos quand il sut que sa fille Pasiphaé prodiguait ses tendres faveurs au père du minotaure. Ainsi frémit Junon lorsqu'elle vit Jupiter, son époux, caresser la belle vache Io, fille du fleuve Inachus. Amasis fit enfermer la belle Amaside dans sa chambre, et mit une garde d'eunuques noirs à sa porte ; puis il assembla son conseil secret.

Le grand mage Mambrès y présidait ; mais il n'avait plus le même crédit qu'autrefois. Tous les ministres d'État conclurent que le taureau blanc était un sorcier. C'était tout le contraire : il était ensorcelé ; mais on se trompe toujours à la cour dans ces affaires délicates.

On conclut à la pluralité des voix qu'il fallait exorciser la princesse, et sacrifier le taureau blanc et la vieille.

Le sage Mambrès ne voulut point choquer l'opinion du roi et du conseil. C'était à lui qu'appartenait le droit de faire les exorcismes; il pouvait les différer sous un prétexte très plausible. Le dieu Apis venait de mourir à Memphis. Un dieu bœuf meurt comme un autre. Il n'était permis d'exorciser personne en Égypte jusqu'à ce qu'on eût trouvé un autre bœuf qui pût remplacer le défunt.

Il fut donc arrêté dans le conseil qu'on attendrait la nomination qu'on devait faire du nouveau dieu à Memphis.

Le bon vieillard Mambrès sentait à quel péril sa chère princesse était exposée : il voyait quel était son amant. Les syllabes *Nabu,* qui lui étaient échappées, avaient décelé tout le mystère aux yeux de ce sage.

La dynastie[1] de Memphis appartenait alors aux Babyloniens ; ils conservaient ce reste de leurs conquêtes passées, qu'ils avaient faites sous le plus grand roi du monde, dont Amasis était l'ennemi mortel. Mambrès avait besoin de toute sa sagesse pour se bien conduire parmi tant de difficultés. Si le roi Amasis découvrait l'amant de sa fille, elle était morte : il l'avait juré. Le grand, le jeune, le beau roi dont elle était éprise, avait détrôné son père, qui n'avait repris son royaume de Tanis que

---

1. *Dynastie* signifie proprement puissance. Ainsi on peut se servir de ce mot, malgré les cavillations de Larcher. Dynastie vient du phénicien *ðunast*; et Larcher est un ignorant qui ne sait ni le phénicien, ni le syriaque, ni le cophte.

depuis près de sept ans qu'on ne savait ce qu'était devenu l'adorable monarque, le vainqueur et l'idole des nations, le tendre et généreux amant de la charmante Amaside. Mais aussi, en sacrifiant le taureau on faisait mourir infailliblement la belle Amaside de douleur.

Que pouvait faire Mambrès dans des circonstances si épineuses ? Il va trouver sa chère nourrissonne au sortir du conseil, et lui dit : « Ma belle enfant, je vous servirai ; mais, je vous le répète, on vous coupera le cou si vous prononcez jamais le nom de votre amant.

— Ah ! que m'importe mon cou, dit la belle Amaside, si je ne puis embrasser celui de Nabucho...! Mon père est un bien méchant homme ! Non seulement il refusa de me donner au beau prince que j'idolâtre, mais il lui déclara la guerre ; et, quand il a été vaincu par mon amant, il a trouvé le secret de le changer en bœuf. A-t-on jamais vu une malice plus effroyable? Si mon père n'était pas mon père, je ne sais pas ce que je lui ferais.

— Ce n'est pas votre père qui lui a joué ce cruel tour, dit le sage Mambrès, c'est un Palestin, un de nos anciens ennemis, un habitant d'un petit pays compris dans la foule des États que votre auguste amant a domptés pour les policer. Ces métamorphoses ne doivent point vous surprendre ; vous savez que j'en faisais autrefois de plus belles : rien n'était plus commun alors que ces changements qui étonnent aujourd'hui les sages. L'histoire

véritable que nous avons lue ensemble nous a enseigné que Lycaon, roi d'Arcadie, fut changé en loup.
La belle Callisto, sa fille, fut changée en ourse; Io,
fille d'Inachus, notre vénérable Isis, en vache ;
Daphné, en laurier; Syrinx, en flûte. La belle
Édith, femme de Loth, le meilleur, le plus tendre
père qu'on ait jamais vu, n'est-elle pas devenue
dans notre voisinage une grande statue de sel très
belle et très piquante, qui a conservé toutes les
marques de son sexe, et qui a régulièrement ses
ordinaires[1] chaque mois, comme l'attestent les
grands hommes qui l'ont vue? J'ai été témoin de
ce changement dans ma jeunesse. J'ai vu cinq puis-
santes villes, dans le séjour du monde le plus sec
et le plus aride, transformées tout à coup en un
beau lac. On ne marchait dans mon jeune temps
que sur des métamorphoses.

« Enfin, Madame, si les exemples peuvent adoucir votre peine, souvenez-vous que Vénus a changé
les Cérastes en bœufs. — Je le sais, dit la malheureuse princesse; mais les exemples consolent-ils?
Si mon amant était mort, me consolerais-je par
l'idée que tous les hommes meurent? — Votre
peine peut finir, dit le sage; et, puisque votre
tendre amant est devenu bœuf, vous voyez bien
que de bœuf il peut devenir homme. Pour moi, il

1. Tertullien, dans son poème de *Sodome,* dit

Dicitur et vivens alio sub corpore sexus
Munificos solito dispungere sanguine menses.

Saint Irénée, liv. IV dit : *Per naturalia ea quæ sunt consuetudinis*
feminæ ostendens.

faudrait que je fusse changé en tigre ou en crocodile, si je n'employais pas le peu de pouvoir qui
me reste pour le service d'une princesse digne des
adorations de la terre, pour la belle Amaside,
que j'ai élevée sur mes genoux, et que sa fatale
destinée met à des épreuves si cruelles. »

CHAPITRE V

Le divin Mambrès, ayant dit à la princesse tout ce qu'il fallait pour la consoler, et ne l'ayant point consolée, courut aussitôt à la vieille. « Ma camarade, lui dit-il, notre métier est beau, mais il est bien dangereux ; vous courez risque d'être pendue, et votre bœuf d'être brûlé, ou noyé, ou mangé. Je ne sais pas ce qu'on fera de vos autres bêtes, car, tout prophète que je suis, je sais bien peu de choses ; mais cachez soigneusement le serpent et le poisson ; que l'un ne mette pas la tête hors de l'eau, et que l'autre ne sorte pas de son trou. Je placerai le bœuf dans une de mes écuries à la campagne ; vous y serez avec lui, puisque vous dites qu'il ne vous est pas permis de l'abandonner. Le bouc émissaire pourra dans l'occasion servir d'expiatoire ; nous l'enverrons dans le désert, chargé des péchés de la troupe ; il est accoutumé à cette cérémonie, qui ne lui fait aucun mal, et l'on sait que tout s'expie avec un bouc qui se promène. Je vous prie seulement de me prêter tout à l'heure le chien de Tobie, qui est un lévrier fort agile ; l'ânesse de Balaam, qui court mieux qu'un dromadaire ; le corbeau et le pigeon de l'arche, qui volent très rapidement. Je veux les envoyer en ambassade à Memphis pour une affaire de la dernière conséquence. »

La vieille repartit au mage : « Seigneur, vous pouvez disposer à votre gré du chien de Tobie, de l'ânesse de Balaam, du corbeau et du pigeon de l'arche, et du bouc émissaire ; mais mon bœuf ne peut coucher dans une écurie. Il est dit qu'il doit être attaché à une chaîne d'acier, *être toujours mouillé de la rosée, et brouter l'herbe sur la terre*[1], *et que sa portion sera avec les bêtes sauvages*. Il m'est confié, je dois obéir. Que penseraient de moi Daniel, Ézéchiel et Jérémie, si je confiais mon bœuf à d'autres qu'à moi-même ? Je vois que vous savez le secret de cet étrange animal : je n'ai pas à me reprocher de vous l'avoir révélé. Je vais le conduire loin de cette terre impure, vers le lac de Sirbon, loin des cruautés du roi de Tanis. Mon poisson et mon serpent me défendront ; je ne crains personne quand je sers mon maître. »

Le sage Mambrès repartit ainsi : « Ma bonne, la volonté de Dieu soit faite ! Pourvu que je retrouve notre taureau blanc, il ne m'importe ni du lac de Sirbon, ni du lac de Mœris, ni du lac de Sodome ; je ne veux que lui faire du bien, et à vous aussi. Mais pourquoi m'avez-vous parlé de Daniel, d'Ézéchiel et de Jérémie ? — Ah ! Seigneur, reprit la vieille, vous savez aussi bien que moi l'intérêt qu'ils ont eu dans cette grande affaire : mais je n'ai pas de temps à perdre ; je ne veux point être pendue ; je ne veux point que mon taureau soit brûlé, ou noyé, ou mangé. Je m'en vais auprès

____

1. Daniel, chap. v.

du lac de Sirbon par Canope, avec mon serpent et mon poisson. Adieu ! »

Le taureau la suivit tout pensif, après avoir témoigné au bienfaisant Mambrès la reconnaissance qu'il lui devait.

Le sage Mambrès était dans une cruelle inquiétude. Il voyait bien qu'Amasis, roi de Tanis, désespéré de la folle passion de sa fille pour cet animal, et la croyant ensorcelée, ferait poursuivre partout le malheureux taureau, et qu'il serait infailliblement brûlé, en qualité de sorcier, dans la place publique de Tanis, ou livré au poisson de Jonas, ou rôti, ou servi sur table. Il voulait, à quelque prix que ce fût, épargner ce désagrément à la princesse.

Il écrivit une lettre au grand prêtre de Memphis, son ami, en caractères sacrés, sur du papier d'Égypte qui n'était pas encore en usage. Voici les propres mots de sa lettre :

Lumière du monde, lieutenant d'Isis, d'Osiris et d'Horus, chef des circoncis, vous dont l'autel est élevé, comme de raison, au-dessus de tous les trônes ; j'apprends que votre dieu le bœuf Apis est mort. J'en ai un autre à votre service. Venez vite avec vos prêtres le reconnaître, l'adorer, et le conduire dans l'écurie de votre temple. Qu'Isis, Osiris et Horus vous aient en leur sainte et digne garde ; et vous, Messieurs les prêtres de Memphis, en leur sainte garde !

Votre affectionné ami,
MAMBRÈS.

Il fit quatre duplicata de cette lettre, de crainte d'accident, et les enferma dans des étuis de bois d'ébène le plus dur. Puis, appelant à lui quatre courriers qu'il destinait à ce message (c'étaient l'ânesse, le chien, le corbeau et le pigeon), il dit à l'ânesse : « Je sais avec quelle fidélité vous avez servi Balaam, mon confrère ; servez-moi de même. Il n'y a point d'onocrotale qui vous égale à la course ; allez, ma chère amie, rendez ma lettre en main propre et revenez. » L'ânesse lui répondit : « Comme j'ai servi Balaam, je servirai monseigneur ; j'irai et je reviendrai. » Le sage lui mit le bâton d'ébène dans la bouche, et elle partit comme un trait.

Puis il fit venir le chien de Tobie, et lui dit : « Chien fidèle, et plus prompt à la course qu'Achille aux pieds légers, je sais ce que vous avez fait pour Tobie, fils de Tobie, lorsque vous et l'ange Raphaël vous l'accompagnâtes de Ninive à Ragès en Médie, et de Ragès à Ninive, et qu'il rapporta à son père dix talents[1] que l'esclave Tobie père avait prêtés à l'esclave *Gabelus* : car ces esclaves étaient fort riches. Portez à son adresse cette lettre, qui est plus précieuse que dix talents d'argent. » Le chien lui répondit : « Seigneur, si j'ai suivi autrefois le messager Raphaël, je puis tout aussi bien faire votre commission. » Mambrès lui mit la lettre dans la gueule. Il en dit autant à la colombe. Elle lui répondit : « Seigneur, si j'ai rapporté un rameau

---

1. Vingt mille écus argent de France, au cours de ce jour.

dans l'arche, je vous apporterai de même votre réponse. » Elle prit la lettre dans son bec. On les perdit tous trois de vue en un instant.

Puis il dit au corbeau : « Je sais que vous avez nourri le grand prophète Élie[1], lorsqu'il était caché auprès du torrent Carith, si fameux dans toute la terre. Vous lui apportiez tous les jours de bon pain et des poulardes grasses ; je ne vous demande que de porter cette lettre à Memphis. »

Le corbeau répondit en ces mots : « Il est vrai, Seigneur, que je portais tous les jours à dîner au grand prophète Élie, le Thesbite, que j'ai vu monter dans l'atmosphère sur un char de feu traîné par quatre chevaux de feu, quoique ce ne soit pas la coutume ; mais je prenais toujours la moitié du dîner pour moi. Je veux bien porter votre lettre, pourvu que vous m'assuriez de deux bons repas chaque jour, et que je sois payé d'avance en argent comptant pour ma commission. »

Mambrès, en colère, dit à cet animal : « Gourmand et malin, je ne suis pas étonné qu'Apollon, de blanc que tu étais comme un cygne, t'ait rendu noir comme une taupe, lorsque dans les plaines de Thessalie tu trahis la belle Coronis, malheureuse mère d'Esculape. Eh! dis-moi donc, mangeais-tu tous les jours des aloyaux et des poulardes, quand tu fus dix mois dans l'arche?— Monsieur, nous y faisions très bonne chère, repartit le corbeau. On servait du rôti deux fois par jour à

1. IIIe liv. des *Rois*, chap. XVII.

toutes les volatiles de mon espèce, qui ne vivent que de chair, comme à vautours, milans, aigles, buses, éperviers, ducs, émouchets, faucons, hiboux, et à la foule innombrable des oiseaux de proie. On garnissait avec une profusion bien plus grande les tables des lions, des léopards, des tigres, des panthères, des onces, des hyènes, des loups, des ours, des renards, des fouines, et de tous les quadrupèdes carnivores. Il y avait dans l'arche huit personnes de marque, et les seules qui fussent alors au monde, continuellement occupées du soin de notre table et de notre garde-robe, savoir : Noé et sa femme, qui n'avaient guère plus de six cents ans, leurs trois fils et leurs trois épouses. C'était un plaisir de voir avec quel soin, quelle propreté, nos huit domestiques servaient plus de quatre mille convives du plus grand appétit, sans compter les peines prodigieuses qu'exigeaient dix à douze mille autres personnes, depuis l'éléphant et la girafe jusqu'aux vers à soie et aux mouches. Tout ce qui m'étonne, c'est que notre pourvoyeur Noé soit inconnu à toutes les nations dont il est la tige ; mais je ne m'en soucie guère. Je m'étais déjà trouvé à une pareille fête[1] chez le roi de Thrace Xisuthre. Ces choses-là arrivent de temps en temps pour l'instruction des corbeaux. En un mot, je veux faire

---

1. Bérose, auteur chaldéen, rapporte en effet que la même aventure advint au roi de Thrace Xisuthre : elle était même encore plus merveilleuse, car son arche avait cinq stades de long sur deux de large. Il s'est élevé une grande dispute entre les savants pour démêler lequel est le plus ancien, du roi Xisuthre ou de Noé.

bonne chère, et être très bien payé en argent comptant. »

Le sage Mambrès se garda bien de donner sa lettre à une bête si difficile et si bavarde. Ils se séparèrent fort mécontents l'un de l'autre.

Il fallait cependant savoir ce que deviendrait le beau taureau, et ne pas perdre la piste de la vieille et du serpent. Mambrès ordonna à des domestiques intelligents et affidés de les suivre ; et, pour lui, il s'avança en litière sur le bord du Nil, toujours faisant des réflexions.

« Comment se peut-il, disait-il en lui-même, que ce serpent soit le maître de presque toute la terre, comme il s'en vante et comme tant de doctes l'avouent, et que cependant il obéisse à une vieille ? Comment est-il quelquefois appelé au conseil de là-haut, tandis qu'il rampe sur la terre ? Pourquoi entre-t-il tous les jours dans le corps des gens par sa seule vertu, et que tant de sages prétendent l'en déloger avec des paroles ? Enfin comment passe-t-il chez un petit peuple du voisinage pour avoir perdu le genre humain, et comment le genre humain n'en sait-il rien ? Je suis bien vieux, j'ai étudié toute ma vie ; mais je vois là une foule d'incompatibilités que je ne puis concilier. Je ne saurais expliquer ce qui m'est arrivé à moi-même, ni les grandes choses que j'ai faites autrefois, ni celles dont j'ai été témoin. Tout bien pesé, je commence à soupçonner que ce monde-ci subsiste de contradictions : *Rerum concordia discors,* comme disait autrefois mon maître Zoroastre en sa langue. »

Tandis qu'il était plongé dans cette métaphysique obscure, comme l'est toute métaphysique, un
batelier, en chantant une chanson à boire, amarra
un petit bateau près de la rive. On en vit sortir
trois graves personnages, à demi vêtus de lambeaux crasseux et déchirés, mais conservant sous
ces livrées de la pauvreté l'air le plus majestueux
et le plus auguste. C'étaient Daniel, Ézéchiel et
Jérémie.

CHAPITRE VI

COMMENT MAMBRÈS RENCONTRA TROIS PROPHÈTES
ET LEUR DONNA UN BON DINER

CES trois grands hommes, qui avaient la lumière prophétique sur le visage, reconnurent le sage Mambrès pour un de leurs confrères, à quelques traits de cette même lumière qui lui restaient encore, et se prosternèrent devant son palanquin. Mambrès les reconnut aussi pour prophètes encore plus à leurs habits qu'aux traits de feu qui partaient de leurs têtes augustes. Il se douta bien qu'ils venaient savoir des nouvelles du taureau blanc ; et, usant de sa prudence ordinaire, il descendit de sa voiture, et avança quelques pas au-devant d'eux avec une politesse mêlée de dignité. Il les releva, fit dresser dès tentes et apprêter un dîner, dont il jugea que les trois prophètes avaient grand besoin.

Il fit inviter la vieille, qui n'était encore qu'à cinq cents pas. Elle se rendit à l'invitation, et arriva menant toujours le taureau blanc en laisse.

On servit deux potages, l'un de bisque, l'autre à la reine ; les entrées furent une tourte de langues de carpes, des foies de lottes et de brochets, des poulets aux pistaches, des innocents aux truffes et aux olives, deux dindonneaux au coulis d'écrevisses, de mousserons et de morilles, et un chipolata. Le rôti fut composé de faisandeaux, de perdreaux, de gelinottes, de cailles et d'ortolans, avec quatre salades. Au milieu était un surtout dans le dernier goût. Rien ne fut plus délicat que l'entremets ; rien de plus magnifique, de plus brillant et de plus ingénieux que le dessert.

Au reste, le discret Mambrès avait eu grand soin que dans ce repas il n'y eût ni pièce de bouilli, ni aloyau, ni langue, ni palais de bœuf, ni tétines de vache, de peur que l'infortuné monarque, assistant de loin au dîner, ne crût qu'on lui insultât.

Ce grand et malheureux prince broutait l'herbe auprès de la tente. Jamais il ne sentit plus cruellement la fatale révolution qui l'avait privé du trône pour sept années entières. « Hélas ! disait-il en lui-même, ce Daniel, qui m'a changé en taureau, et cette sorcière de pythonisse, qui me garde, font la meilleure chère du monde ; et moi, le souverain de l'Asie, je suis réduit à manger du foin et à boire de l'eau ! »

On but beaucoup de vin d'Engaddi, de Tadmor et de Chiraz. Quand les prophètes et la pythonisse furent un peu en pointe de vin, on se parla avec plus de confiance qu'aux premiers services. « J'avoue, dit Daniel, que je ne faisais pas si bonne chère quand j'étais dans la fosse aux lions. — Quoi ! Monsieur, on vous a mis dans la fosse aux lions ? dit Mambrès ; et comment n'avez-vous pas été mangé ? — Monsieur, dit Daniel, vous savez que les lions ne mangent jamais de prophètes. — Pour moi, dit Jérémie, j'ai passé toute ma vie à mourir de faim ; je n'ai jamais fait un bon repas qu'aujourd'hui. Si j'avais à renaître, et si je pouvais choisir mon état, j'avoue que j'aimerais cent fois mieux être contrôleur général, ou évêque à Babylone, que prophète à Jérusalem. »

Ézéchiel dit : « Il me fut ordonné une fois de dormir trois cent quatre-vingt-dix jours de suite sur le côté gauche, et de manger, pendant tout ce temps-là, du pain d'orge, de millet, de vesces, de fèves et de froment, couvert de[1] ... je n'ose pas dire. Tout ce que je pus obtenir, ce fut de ne le couvrir que de bouse de vache. J'avoue que la cuisine du seigneur Mambrès est plus délicate. Cependant le métier de prophète a du bon ; et la preuve en est que mille gens s'en mêlent.

— A propos, dit Mambrès, expliquez-moi ce que vous entendez par votre Oolla et par votre Ooliba, qui faisaient tant de cas des chevaux et des ânes ? — Ah ! répondit Ezéchiel, ce sont des fleurs de rhétorique. »

Après ces ouvertures de cœur, Mambrès parla d'affaires. Il demanda aux trois pèlerins pourquoi ils étaient venus dans les États du roi de Tanis. Daniel prit la parole : il dit que le royaume de Babylone avait été en combustion depuis que Nabuchodonosor avait disparu ; qu'on avait persécuté tous les prophètes, selon l'usage de la cour ; qu'ils passaient leur vie tantôt à voir des rois à leurs pieds, tantôt à recevoir cent coups

---

1. Ezéchiel, chap. IV.

d'étrivières ; qu'enfin ils avaient été obligés de se réfugier en Égypte, de peur d'être lapidés. Ézéchiel et Jérémie parlèrent aussi très longtemps dans un fort beau style, qu'on pouvait à peine comprendre. Pour la pythonisse, elle avait toujours l'œil sur son animal. Le poisson de Jonas se tenait dans le Nil, vis-à-vis de la tente, et le serpent se jouait sur l'herbe.

Après le café, on alla se promener sur le bord du Nil. Alors le taureau blanc, apercevant les trois prophètes ses ennemis, poussa des mugissements épouvantables ; il se jeta impétueusement sur eux ; il les frappa de ses cornes ; et, comme les prophètes n'ont jamais que la peau sur les os, il les aurait percés d'outre en outre, et leur aurait ôté la vie ; mais le Maître des choses, qui voit tout et qui remédie à tout, les changea sur-le-champ en pies ; et ils continuèrent à parler comme auparavant. La même chose arriva depuis aux Piérides, tant la fable a imité l'histoire.

Ce nouvel incident produisait de nouvelles réflexions dans l'esprit du sage Mambrès. « Voilà, disait-il, trois grands prophètes changés en pies ; cela doit nous apprendre à ne pas trop parler, et à garder toujours une discrétion convenable. » Il concluait que sagesse vaut mieux qu'éloquence, et pensait profondément, selon sa coutume, lorsqu'un grand et terrible spectacle vint frapper ses regards.

CHAPITRE VII

Des tourbillons de poussière s'élevaient du midi au nord. On entendait le bruit des tambours, des trompettes, des fifres, des psaltérions, des cithares, des sambuques ; plusieurs escadrons avec plusieurs bataillons s'avançaient, et Amasis, roi de Tanis, était à leur tête sur un cheval caparaçonné d'une housse écarlate brochée d'or, et les hérauts criaient : « Qu'on prenne le taureau blanc, qu'on le lie, qu'on le jette dans le Nil, et qu'on le donne à manger au poisson de Jonas : car le roi mon seigneur, qui est juste, veut se venger du taureau blanc, qui a ensorcelé sa fille. »

Le bon vieillard Mambrès fit plus de réflexions que jamais. Il vit bien que le malin corbeau était allé tout dire au roi, et que la princesse courait grand risque d'avoir le cou coupé. Il dit au serpent : « Mon cher ami, allez vite consoler la belle Amaside, ma nourrissonne ; dites-lui qu'elle ne craigne rien, quelque chose qui arrive, et faites-lui des contes pour charmer son inquiétude, car les contes amusent toujours les filles, et ce n'est que par des contes qu'on réussit dans le monde. »

Puis il se prosterna devant Amasis, roi de Tanis, et lui dit : « O roi ! vivez à jamais. Le taureau blanc doit être sacrifié, car Votre Majesté a toujours raison ; mais le Maître des choses a dit : *Ce taureau ne doit être mangé par le poisson de Jonas qu'après que Memphis aura trouvé un dieu pour mettre à la place de son dieu qui est mort.* Alors vous serez vengé, et votre fille sera exorcisée, car elle est possédée. Vous avez trop de piété pour ne pas obéir aux ordres du Maître des choses. »

Amasis, roi de Tanis, resta tout pensif, puis il dit : « Le bœuf Apis est mort ; Dieu veuille avoir son âme ! Quand croyez-vous qu'on aura trouvé un autre bœuf pour régner sur la féconde Égypte ? — Sire, dit Mambrès, je ne vous demande que huit jours. » Le roi, qui était très dévot, dit : « Je les accorde, et je veux rester ici huit jours ; après quoi je sacrifierai le séducteur de ma fille » ; et il fit venir ses tentes, ses cuisiniers, ses musiciens, et resta huit jours en ce lieu, comme il est dit dans Manéthon.

La vieille était au désespoir de voir que le taureau qu'elle avait en garde n'avait plus que huit jours à vivre. Elle faisait apparaître toutes les nuits des ombres au roi pour le détourner de sa cruelle résolution ; mais le roi ne se souvenait plus le matin des ombres qu'il avait vues la nuit, de même que Nabuchodonosor avait oublié ses songes.

CHAPITRE VIII

COMMENT LE SERPENT FIT DES CONTES A LA PRINCESSE
POUR LA CONSOLER

CEPENDANT le serpent contait des histoires à la belle Amaside pour calmer ses douleurs. Il lui disait comment il avait guéri autrefois tout un peuple de la morsure de certains petits serpents, en se montrant seulement au bout d'un bâton. Il lui apprenait les conquêtes d'un héros qui fit un si beau contraste avec Amphion, architecte de Thèbes en Béotie. Cet Amphion faisait venir les pierres de taille au son du violon : un rigodon et un menuet lui suffisaient pour bâtir une ville ; mais l'autre les détruisait au son du cornet à bouquin ; il fit pendre trente et un rois très puissants dans un canton de quatre lieues de long et de large ; il fit pleuvoir de grosses pierres du haut du ciel sur un bataillon d'ennemis fuyant devant lui ; et, les ayant ainsi exterminés, il arrêta le soleil et la lune en plein midi pour les exterminer encore entre Gabaon et Aïalon sur le chemin de Béth-horon, à l'exemple de Bacchus, qui avait arrêté le soleil et la lune dans son voyage aux Indes.

La prudence que tout serpent doit avoir ne lui permit pas de parler à la belle Amaside du puissant bâtard Jephté, qui coupa le cou à sa fille parce qu'il avait gagné une bataille ; il aurait jeté trop de terreur dans le cœur de la belle princesse ;

mais il lui conta les aventures du grand Samson,
qui tuait mille Philistins avec une mâchoire d'âne,
qui attachait ensemble trois cents renards par la
queue, et qui tomba dans les filets d'une fille
moins belle, moins tendre et moins fidèle que la
charmante Amaside.

Il lui racontait les amours malheureux de Sichem
et de l'agréable Dina, âgée de six ans, et les
amours plus fortunés de Booz et de Ruth, ceux
de Juda avec sa bru Thamar, ceux de Loth avec
ses deux filles qui ne voulaient pas que le monde
finît, ceux d'Abraham et de Jacob avec leurs ser-
vantes, ceux de Ruben avec sa mère, ceux de David
et de Bethsabée, ceux du grand roi Salomon ;
enfin tout ce qui pouvait dissiper la douleur d'une
belle princesse.

CHAPITRE IX

COMMENT LE SERPENT NE LA CONSOLA POINT

Tous ces contes-là m'ennuient, répondit la belle Amaside, qui avait de l'esprit et du goût. Ils ne sont bons que pour être commentés chez les Irlandais par ce fou d'Abbadie, ou chez les Welches par ce phrasier d'Houteville. Les contes qu'on pouvait faire à la quadrisaïeule de la quadrisaïeule de ma grand'mère ne sont plus bons pour moi, qui ai été élevée par le sage Mambrès, et qui ai lu l'*Entendement humain* du philosophe égyptien nommé Locke, et *la Matrone d'Éphèse*. Je veux qu'un conte soit fondé sur la vraisemblance, et qu'il ne ressemble pas toujours à un rêve. Je désire qu'il n'ait rien de trivial ni d'extravagant. Je voudrais surtout que, sous le voile de la fable, il laissât entrevoir aux yeux exercés quelque vérité fine qui échappe au vulgaire. Je suis lasse du soleil et de la lune dont une vieille dispose à son gré, des montagnes qui dansent, des fleuves qui remontent à leur source, et des morts qui ressuscitent; mais surtout, quand ces fadaises sont écrites d'un style ampoulé et inintelligible, cela me dégoûte horriblement. Vous sentez qu'une fille qui craint de voir avaler son amant par un gros poisson, et d'avoir elle-même le cou coupé par son propre père, a besoin d'être amusée; mais tâchez de m'amuser selon mon goût.

— Vous m'imposez là une tâche bien difficile, répondit le serpent. J'aurais pu autrefois vous faire passer quelques quarts d'heure assez agréables ; mais j'ai perdu depuis quelque temps l'imagination et la mémoire. Hélas ! où est le temps où j'amusais les filles ! Voyons cependant si je pourrai me souvenir de quelque conte moral pour vous plaire.

« Il y a vingt-cinq mille ans que le roi Gnaof et la princesse Patra étaient sur le trône de Thèbes aux cent portes. Le roi Gnaof était fort beau, et la reine Patra encore plus belle ; mais ils ne pouvaient avoir d'enfants. Le roi Gnaof proposa un prix pour celui qui enseignerait la meilleure méthode de perpétuer la race royale.

« La faculté de médecine et l'académie de chirurgie firent d'excellents traités sur cette question importante : pas un ne réussit. On envoya la reine aux eaux ; elle fit des neuvaines ; elle donna beaucoup d'argent au temple de Jupiter Ammon, dont vient le sel ammoniac : tout fut inutile. Enfin un jeune prêtre de vingt-cinq ans se présenta au roi, et lui dit : « Sire, je crois savoir faire la con-
« juration qui opère ce que Votre Majesté désire
« avec tant d'ardeur. Il faut que je parle en
« secret à l'oreille de madame votre femme, et, si
« elle ne devient féconde, je consens d'être pendu.
« — J'accepte votre proposition », dit le roi Gnaof. On ne laissa la reine et le prêtre qu'un quart d'heure ensemble. La reine devint grosse, et le roi voulut faire pendre le prêtre.

— Mon Dieu ! dit la princesse, je vois où cela mène : ce conte est trop commun ; je vous dirai même qu'il alarme ma pudeur. Contez-moi quelque fable bien vraie, bien avérée et bien morale, dont je n'aie jamais entendu parler, pour achever *de me former l'esprit et le cœur,* comme dit le professeur égyptien Linro.

— En voici une, Madame, dit le beau serpent, qui est des plus authentiques.

« Il y avait trois prophètes, tous trois également ambitieux et dégoûtés de leur état. Leur folie était de vouloir être rois : car il n'y a qu'un pas du rang de prophète à celui de monarque, et l'homme aspire toujours à monter tous les degrés de l'échelle de la fortune. D'ailleurs leurs goûts, leurs plaisirs, étaient absolument différents. Le premier prêchait admirablement ses frères assemblés qui lui battaient des mains ; le second était fou de la musique, et le troisième aimait passionnément les filles. L'ange Ituriel vint se présenter à eux, un jour qu'ils étaient à table, et qu'ils s'entretenaient des douceurs de la royauté.

« Le Maître des choses, leur dit l'ange, m'en-
« voie vers vous pour récompenser votre vertu.
« Non seulement vous serez rois, mais vous satis-
« ferez continuellement vos passions dominantes.
« Vous, premier prophète, je vous fais roi
« d'Égypte, et vous tiendrez toujours votre con-
« seil, qui applaudira à votre éloquence et à votre

« sagesse ; vous, second prophète, vous régnerez
« sur la Perse, et vous entendrez continuellement
« une musique divine ; et vous, troisième prophète,
« je vous fais roi de l'Inde, et je vous donne une
« maîtresse charmante, qui ne vous quittera
« jamais. »

« Celui qui eut l'Égypte en partage commença
par assembler son conseil privé, qui n'était composé que de deux cents sages. Il leur fit, selon
l'étiquette, un long discours qui fut très applaudi,
et le monarque goûta la douce satisfaction de
s'enivrer de louanges qui n'étaient corrompues par
aucune flatterie.

« Le conseil des affaires étrangères succéda au
conseil privé. Il fut beaucoup plus nombreux ; et
un nouveau discours reçut encore plus d'éloges. Il
en fut de même des autres conseils. Il n'y eut pas
un moment de relâche aux plaisirs et à la gloire
du prophète roi d'Égypte. Le bruit de son éloquence remplit toute la terre.

« Le prophète roi de Perse commença par se
faire donner un opéra italien, dont les chœurs
étaient chantés par quinze cents châtrés. Leurs
voix lui remuaient l'âme jusqu'à la moelle des
os, où elle réside. A cet opéra en succédait
un autre, et à ce second un troisième, sans inter-
ruption.

« Le roi de l'Inde s'enferma avec sa maîtresse,
et goûta une volupté parfaite avec elle. Il regardait comme le souverain bonheur la nécessité de la

caresser toujours, et il plaignait le triste sort de ses deux confrères, dont l'un était réduit à tenir toujours son conseil, et l'autre à être toujours à l'opéra.

« Chacun d'eux, au bout de quelques jours, entendit par la fenêtre des bûcherons qui sortaient d'un cabaret pour aller couper du bois dans la forêt voisine, et qui tenaient sous le bras leurs douces amies dont ils pouvaient changer à volonté. Nos roïs prièrent Ituriel de vouloir bien intercéder pour eux auprès du Maître des choses, et de les faire bûcherons.

— Je ne sais pas, interrompit la tendre Amaside, si le Maître des choses leur accorda leur requête, et je ne m'en soucie guère; mais je sais bien que je ne demanderais rien à personne si j'étais enfermée tête à tête avec mon amant, avec mon cher Nabuchodonosor. »

Les voûtes du palais retentirent de ce grand nom. D'abord Amaside n'avait prononcé que Na, ensuite Nabu, puis Nabucho, mais à la fin la passion l'emporta, elle prononça le nom fatal tout entier, malgré le serment qu'elle avait fait au roi son père. Toutes les dames du palais répétèrent Nabuchodonosor, et le malin corbeau ne manqua pas d'en aller avertir le roi. Le visage d'Amasis, roi de Tanis, fut troublé, parce que son cœur était plein de trouble. Et voilà comment le serpent, qui était le plus prudent et le plus subtil des animaux, faisait toujours du mal aux femmes, en croyant bien faire.

Or Amasis en courroux envoya sur-le-champ chercher sa fille Amaside par douze de ses alguazils, qui sont toujours prêts à exécuter toutes les barbaries que le roi commande, et qui disent pour raison : « Nous sommes payés pour cela. »

CHAPITRE X

Dès que la princesse fut arrivée toute tremblante au camp du roi son père, il lui dit :
« Ma fille, vous savez qu'on fait mourir toutes les princesses qui désobéissent aux rois leurs pères, sans quoi un royaume ne pourrait être bien gouverné. Je vous avais défendu de proférer le nom de votre amant Nabuchodonosor, mon ennemi mortel, qui m'avait détrôné, il y a bientôt sept ans, et qui a disparu de la terre. Vous avez choisi à sa place un taureau blanc, et vous avez crié : « Nabuchodonosor. » Il est juste que je vous coupe le cou. »

La princesse lui répondit : « Mon père, soit fait selon votre volonté ; mais donnez-moi du temps pour pleurer ma virginité. — Cela est juste, dit le roi Amasis ; c'est une loi établie chez tous les princes éclairés et prudents. Je vous donne toute la journée pour pleurer votre virginité, puisque vous dites que vous l'avez. Demain, qui est le huitième jour de mon campement, je ferai avaler le taureau blanc par le poisson, et je vous couperai le cou à neuf heures du matin. »

La belle Amaside alla donc pleurer le long du Nil, avec les dames du palais, tout ce qui lui restait de virginité. Le sage Mambrès réfléchissait à

côté d'elle, et comptait les heures et les moments.
« Eh bien ! mon cher Mambrès, lui dit-elle, vous
avez changé les eaux du Nil en sang, selon la
coutume, et vous ne pouvez changer le cœur
d'Amasis, mon père, roi de Tanis ! Vous souffrirez
qu'il me coupe le cou demain à neuf heures du
matin ! — Cela dépendra, répondit le réfléchissant Mambrès, de la diligence de mes courriers. »

Le lendemain, dès que les ombres des obé-
lisques et des pyramides marquèrent sur la terre
la neuvième heure du jour, on lia le taureau blanc
pour le jeter au poisson de Jonas, et on apporta
au roi son grand sabre. « Hélas ! hélas ! disait
Nabuchodonosor dans le fond de son cœur, moi,
le roi, je suis bœuf depuis près de sept ans, et à
peine j'ai retrouvé ma maîtresse qu'on me fait
manger par un poisson. »

Jamais le sage Mambrès n'avait fait des réflexions si profondes. Il était absorbé dans ses
tristes pensées lorsqu'il vit de loin tout ce qu'il
attendait. Une foule innombrable approchait. Les
trois figures d'Isis, d'Osiris et d'Horus, unies
ensemble, avançaient portées sur un brancard d'or
et de pierreries par cent sénateurs de Memphis,
et précédées de cent filles jouant du sistre sacré.
Quatre mille prêtres, la tête rasée et couronnée
de fleurs, étaient montés chacun sur un hippopo-
tame. Plus loin paraissaient dans la même pompe
la brebis de Thèbes, le chien de Bubaste, le chat
de Phœbé, le crocodile d'Arsinoé, le bouc de
Mendès, et tous les dieux inférieurs de l'Égypte,

qui venaient rendre hommage au grand bœuf, au grand dieu Apis, aussi puissant qu'Isis, Osiris et Horus, réunis ensemble.

Au milieu de tous ces demi-dieux, quarante prêtres portaient une énorme corbeille remplie d'oignons sacrés, qui n'étaient pas tout à fait des dieux, mais qui leur ressemblaient beaucoup.

Aux deux côtés de cette file de dieux suivis d'un peuple innombrable, marchaient quarante mille guerriers, le casque en tête, le cimeterre sur la cuisse gauche, le carquois sur l'épaule, l'arc à la main.

Tous les prêtres chantaient en chœur, avec une harmonie qui élevait l'âme et qui l'attendrissait :

> *Notre bœuf est au tombeau,*
> *Nous en aurons un plus beau.*

Et, à chaque pause, on entendait résonner les sistres, les castagnettes, les tambours de basque, les psaltérions, les cornemuses, les harpes et les sambuques.

CHAPITRE XI

COMMENT LA PRINCESSE ÉPOUSA SON BŒUF

AMASIS, roi de Tanis, surpris de ce spectacle, ne coupa point le cou à sa fille : il remit son cimeterre dans son fourreau. Mambrès lui dit : « Grand roi ! l'ordre des choses est changé ; il faut que Votre Majesté donne l'exemple. O roi ! déliez vous-même promptement le taureau blanc, et soyez le premier à l'adorer. » Amasis obéit et se prosterna avec tout son peuple. Le grand prêtre de Memphis présenta au nouveau bœuf Apis la première poignée de foin. La princesse Amaside attachait à ses belles cornes des festons de roses, d'anémones, de renoncules, de tulipes, d'œillets et d'hyacinthes. Elle prenait la liberté de le baiser, mais avec un profond respect. Les prêtres jonchaient de palmes et de fleurs le chemin par lequel on le conduisait à Memphis ; et le sage Mambrès, faisant toujours ses réflexions, disait tout bas à son ami le serpent : « Daniel a changé cet homme en bœuf, et j'ai changé ce bœuf en dieu. »

On s'en retournait à Memphis dans le même ordre. Le roi de Tanis, tout confus, suivait la marche. Mambrès, l'air serein et recueilli, était à son côté. La vieille suivait tout émerveillée ; elle était accompagnée du serpent, du chien, de l'ânesse, du corbeau, de la colombe et du bouc émissaire. Le grand poisson remontait le Nil. Daniel, Ézéchiel et Jérémie, transformés en pies, fermaient la marche.

Quand on fut arrivé aux frontières du royaume, qui n'étaient pas fort loin, le roi Amasis prit congé du bœuf Apis, et dit à sa fille : « Ma fille, retournons dans nos États, afin que je vous y coupe le cou, ainsi qu'il a été résolu dans mon cœur royal, parce que vous avez prononcé le nom de Nabuchodonosor, mon ennemi, qui m'avait détrôné il y a sept ans. Lorsqu'un père a juré de couper le cou à sa fille, il faut qu'il accomplisse son serment, sans quoi il est précipité pour jamais dans les enfers, et je ne veux pas me damner pour l'amour de vous. » La belle princesse répondit en ces mots au roi Amasis : « Mon cher père, allez couper le cou à qui vous voudrez, mais ce ne sera pas à moi. Je suis sur les terres d'Isis, d'Osiris, d'Horus et d'Apis ; je ne quitterai point mon beau taureau blanc ; je le baiserai tout le long du chemin, jusqu'à ce que j'aie vu son apothéose dans la grande écurie de la sainte ville de Memphis : c'est une faiblesse pardonnable à une fille bien née. »

A peine eut-elle prononcé ces paroles que le bœuf Apis s'écria : « Ma chère Amaside, je t'aimerai toute ma vie. » C'était pour la première fois qu'on avait entendu parler Apis en Égypte depuis quarante mille ans qu'on l'adorait. Le serpent et l'ânesse s'écrièrent : « Les sept années sont accomplies ! » et les trois pies répétèrent :

« Les sept années sont accomplies ! » Tous les prêtres d'Égypte levèrent les mains au ciel. On vit tout d'un coup le dieu perdre ses deux jambes de derrière ; ses deux jambes de devant se changèrent en deux jambes humaines ; deux beaux bras charnus, musculeux et blancs, sortirent de ses épaules ; son mufle de taureau fit place au visage d'un héros charmant ; il redevint le plus bel homme de la terre, et dit : « J'aime mieux être l'amant d'Amaside que dieu. Je suis Nabuchodonosor, roi des rois. »

Cette nouvelle métamorphose étonna tout le monde, hors le réfléchissant Mambrès ; mais ce qui ne surprit personne, c'est que Nabuchodonosor épousa sur-le-champ la belle Amaside, en présence de cette grande assemblée.

Il conserva le royaume de Tanis à son beaupère, et fit de belles fondations pour l'ânesse, le serpent, le chien, la colombe, et même pour le corbeau, les trois pies et le gros poisson, montrant à tout l'univers qu'il savait pardonner comme triompher. La vieille eut une grosse pension. Le bouc émissaire fut envoyé pour un jour dans le désert, afin que tous les péchés passés fussent expiés ; après quoi on lui donna douze chèvres pour sa récompense. Le sage Mambrès retourna dans son palais faire des réflexions. Nabuchodonosor, après l'avoir embrassé, gouverna tranquillement le royaume de Memphis, celui de Babylone, de Damas, de Balbec, de Tyr, la Syrie, l'Asie Mineure, la Scythie, les contrées de

Chiraz, de Mosok, du Tubal, de Madaï, de Gog, de Magog, de Javan, la Sogdiane, la Bactriane, les Indes et les îles.

Les peuples de cette vaste monarchie criaient tous les matins : « Vive le grand Nabuchodonosor, roi des rois, qui n'est plus bœuf ! » Et depuis ce fut une coutume dans Babylone que toutes les fois que le souverain, ayant été grossièrement trompé par ses satrapes, ou par ses mages, ou par ses trésoriers, ou par ses femmes, reconnaissait enfin ses erreurs, et corrigeait sa mauvaise conduite, tout le monde criait à sa porte : « Vive notre grand roi, qui n'est plus bœuf ! »

ÉLOGE HISTORIQUE

DE LA RAISON

PRONONCÉ DANS UNE ACADÉMIE DE PROVINCE

PAR M.......

ÉLOGE HISTORIQUE
DE LA RAISON

Messieurs,

ERASME fit, au XVIe siècle, l'éloge de la Folie. Vous m'ordonnez de vous faire l'éloge de la Raison. Cette Raison n'est fêtée en effet tout au plus que deux cents ans après son ennemie, souvent beaucoup plus tard; et il y a des nations chez lesquelles on ne l'a point encore vue.

Elle était si inconnue chez nous du temps de nos druides qu'elle n'avait même pas de nom dans notre langue. César ne l'apporta ni en Suisse, ni à Autun, ni à Paris, qui n'était alors qu'un hameau de pêcheurs, et lui-même ne la connut guère.

Il avait tant de grandes qualités que la Raison ne put trouver de place dans la foule. Ce magnanime insensé sortit de notre pays dévasté pour aller dévaster le sien, et pour se faire donner vingt-trois coups de poignard par vingt-trois autres illustres enragés qui ne le valaient pas à beaucoup près.

Le Sicambre Clodvich ou Clovis vint environ cinq cents années après exterminer une partie de notre nation, et subjuguer l'autre. On n'entendit parler de raison ni dans son armée ni dans nos malheureux petits villages, si ce n'est de la raison du plus fort.

Nous croupîmes longtemps dans cette horrible et avilissante barbarie. Les croisades ne nous en tirèrent pas. Ce fut à la fois la folie la plus universelle, la plus atroce, la plus ridicule et la plus malheureuse. L'abominable folie de la guerre civile et sacrée qui extermina tant de gens de la langue d'*oc* et de la langue d'*oïl* succéda à ces croisades lointaines. La Raison n'avait garde de se trouver là. Alors la Politique régnait à Rome ; elle avait pour ministres ses deux sœurs, la Fourberie et l'Avarice. On voyait l'Ignorance, le Fanatisme, la Fureur, courir sous ses ordres dans l'Europe ; la Pauvreté les suivait partout ; la Raison se cachait dans un puits avec la Vérité sa fille. Personne ne savait où était ce puits ; et, si on s'en était douté, on y serait descendu pour égorger la fille et la mère.

Après que les Turcs eurent pris Constantinople et redoublé les malheurs épouvantables de l'Europe, deux ou trois Grecs, en s'enfuyant, tombèrent dans ce puits, ou plutôt dans cette caverne, demi-morts de fatigue, de faim et de peur.

La Raison les reçut avec humanité, leur donna à manger sans distinction des viandes (chose qu'ils n'avaient jamais connue à Constantinople). Ils reçurent d'elle quelques instructions en petit nombre : car la Raison n'est pas prolixe. Elle leur fit jurer qu'ils ne découvriraient pas le lieu de sa retraite. Ils partirent, et arrivèrent, après bien des courses, à la cour de Charles-Quint et de François Ier.

On les y reçut comme des jongleurs qui venaient faire des tours de souplesse pour amuser l'oisiveté des courtisans et des dames, dans les intervalles de leurs rendez-vous. Les ministres daignèrent les regarder dans les moments de relâche qu'ils pouvaient donner au torrent des affaires. Ils furent même accueillis par l'empereur et par le roi de France, qui jetèrent sur eux un coup d'œil en passant, lorsqu'ils allaient chez leurs maîtresses. Mais ils firent plus de fruit dans de petites villes où ils trouvèrent de bons bourgeois qui avaient encore, je ne sais comment, quelque lueur de sens commun.

Ces faibles lueurs s'éteignirent dans toute l'Europe parmi les guerres civiles qui la désolèrent. Deux ou trois étincelles de raison ne pouvaient pas éclairer le monde au milieu des torches ardentes et des bûchers que le fanatisme alluma pendant tant d'années. La Raison et sa fille se cachèrent plus que jamais.

Les disciples de leurs premiers apôtres se turent, excepté quelques-uns qui furent assez inconsidérés pour prêcher la raison déraisonnablement et à contretemps : il leur en coûta la vie comme à Socrate ; mais personne n'y fit attention. Rien n'est si désagréable que d'être pendu obscurément. On fut occupé si longtemps des Saint-Barthélemy, des massacres d'Irlande, des échafauds de la Hongrie, des assassinats des rois, qu'on n'avait ni assez de temps, ni assez de liberté d'esprit pour penser aux menus crimes et aux calamités secrètes qui inondaient le monde d'un bout à l'autre.

La Raison, informée de ce qui se passait par quelques exilés qui se réfugièrent dans sa retraite, fut touchée de pitié, quoiqu'elle ne passe pas pour être fort tendre. Sa fille, qui est plus hardie qu'elle, l'encouragea à voir le monde et à tâcher de le guérir. Elles parurent, elles parlèrent; mais elles trouvèrent tant de méchants intéressés à les contredire, tant d'imbéciles aux gages de ces méchants, tant d'indifférents uniquement occupés d'eux-mêmes et du moment présent, qui ne s'embarrassaient ni d'elles ni de leurs ennemis, qu'elles regagnèrent sagement leur asile.

Cependant quelques semences des fruits qu'elles portent toujours avec elles, et qu'elles avaient répandues, germèrent sur la terre, et même sans pourrir.

Enfin, il y a quelque temps qu'il leur prit envie d'aller à Rome en pèlerinage, déguisées et cachant leur nom, de peur de l'Inquisition. Dès qu'elles furent arrivées, elles s'adressèrent au cuisinier du pape Ganganelli (Clément XIV). Elles savaient que c'était le cuisinier de Rome le moins occupé. On peut dire même qu'il était, après vos confesseurs, Messieurs, l'homme le plus désœuvré de sa profession.

Ce bonhomme, après avoir donné aux deux

pèlerines un dîner presque aussi frugal que celui du pape, les introduisit chez Sa Sainteté, qu'elles trouvèrent lisant les *Pensées de Marc-Aurèle*. Le pape reconnut les masques, les embrassa cordialement, malgré l'étiquette. « Mesdames, leur dit-il, si j'avais pu imaginer que vous fussiez sur la terre, je vous aurais fait la première visite. »

Après les compliments, on parla d'affaires. Dès le lendemain, Ganganelli abolit la bulle *In cœna Domini*, l'un des plus grands monuments de la folie humaine, qui avait si longtemps outragé tous les potentats. Le surlendemain, il prit la résolution de détruire la compagnie de Garasse, de Guignard, de Garnet, de Busenbaum, de Malagrida, de Paulian, de Patouillet, de Nonnotte ; et l'Europe battit des mains. Le surlendemain, il diminua les impôts dont le peuple se plaignait. Il encouragea l'agriculture et tous les arts ; il se fit aimer de tous ceux qui passaient pour les ennemis de sa place. On eût dit alors dans Rome qu'il n'y avait qu'une nation et qu'une loi dans le monde.

Les deux pèlerines, très étonnées et très satisfaites, prirent congé du pape, qui leur fit présent non d'agnus et de reliques, mais d'une bonne chaise de poste pour continuer leurs voyages. La Raison et la Vérité n'avaient pas été jusque-là dans l'habitude d'avoir leurs aises.

Elles visitèrent toute l'Italie, et furent surprises d'y trouver, au lieu du machiavélisme, une émulation entre les princes et les républiques, depuis

Parme jusqu'à Turin, à qui rendrait ses sujets plus gens de bien, plus riches et plus heureux.

« Ma fille, disait la Raison à la Vérité, voici, je crois, notre règne qui pourrait bien commencer à advenir après notre longue prison. Il faut que quelques-uns des prophètes qui sont venus nous visiter dans notre puits aient été bien puissants en paroles et en œuvres pour changer ainsi la face de la terre. Vous voyez que tout vient tard : il fallait passer par les ténèbres de l'ignorance et du mensonge avant de rentrer dans votre palais de lumière, dont vous avez été chassée avec moi pendant tant de siècles. Il nous arrivera ce qui est arrivé à la nature ; elle a été couverte d'un méchant voile, et toute défigurée pendant des siècles innombrables. A la fin il est venu un Galilée, un Copernic, un Newton, qui l'ont montrée presque nue, et qui en ont rendu les hommes amoureux. »

En conversant ainsi, elles arrivèrent à Venise. Ce qu'elles y considérèrent avec le plus d'attention, ce fut un procurateur de Saint-Marc, qui tenait une grande paire de ciseaux devant une table toute couverte de griffes, de becs et de plumes noires. « Ah ! s'écria la Raison, Dieu me pardonne, *lustrissimo Signor*, je crois que voilà une de mes paires de ciseaux que j'avais apportés dans mon puits, lorsque je m'y réfugiai avec ma fille ! Comment Votre Excellence les a-t-elle eus, et qu'en faites-vous ? — *Lustrissima Signora*, lui répondit le procurateur, il se peut que les ciseaux aient appartenu autrefois à Votre Excellence ; mais ce fut un nommé Fra-Paolo qui nous les apporta il y a long-temps, et nous nous en servons pour couper les griffes de l'Inquisition, que vous voyez étalées sur cette table.

« Ces plumes noires appartenaient à des har-pies qui venaient manger le dîner de la république ; nous leur rognons tous les jours les ongles et le bout du bec. Sans cette précaution elles auraient fini par tout avaler ; il ne serait rien resté pour les sages grands, ni pour les *pregadi*, ni pour les citadins.

« Si vous passez par la France, vous trouverez peut-être à Paris votre autre paire de ciseaux chez un ministre espagnol qui s'en servait au même usage que nous dans son pays, et qui sera un jour béni du genre humain. »

Les voyageuses, après avoir assisté à l'opéra vénitien, partirent pour l'Allemagne. Elles virent avec satisfaction ce pays, qui du temps de Char-lemagne n'était qu'une forêt immense, entrecoupée de marais, maintenant couverte de villes floris-santes et tranquilles ; ce pays, peuplé de souve-rains autrefois barbares et pauvres, devenus tous polis et magnifiques ; ce pays, qui n'avait eu dans les temps antiques que des sorcières pour prêtres, immolant alors des hommes sur des pierres grossièrement creusées ; ce pays, qui en-suite avait été inondé de son sang pour savoir au juste si la chose était *in, cum, sub*, ou non ; ce pays, qui enfin recevait dans son sein trois reli-gions ennemies, étonnées de vivre paisiblement ensemble. « Dieu soit béni ! dit la Raison ; ces gens-ci sont venus enfin à moi à force de démence. »

On les introduisit chez une impératrice qui était bien plus que raisonnable, car elle était bienfaisante. Les pèlerines furent si contentes d'elle qu'elles ne prirent pas garde à quelques usages qui les choquèrent ; mais elles furent toutes deux amoureuses de l'empereur son fils.

Leur étonnement redoubla quand elles furent en Suède. « Quoi ! disaient-elles, une révolution si difficile, et cependant si prompte ! si périlleuse, et pourtant si paisible ! et depuis ce grand jour pas un seul jour perdu sans faire du bien, et tout cela dans l'âge qui est si rarement celui de la raison ! Que nous avons bien fait de sortir de notre cache quand ce grand événement saisissait d'admiration l'Europe entière ! »

De là elles passèrent vite par la Pologne. « Ah ! ma mère, quel contraste ! s'écria la Vérité. Il me prend envie de regagner mon puits. Voilà ce que c'est que d'avoir écrasé toujours la portion du genre humain la plus utile, et d'avoir traité les cultivateurs plus mal qu'ils ne traitent leurs animaux de labourage ! Ce chaos de l'anarchie ne pouvait se débrouiller autrement que par une ruine : on l'avait assez clairement prédite. Je plains un monarque vertueux, sage et humain ; et j'ose espérer qu'il sera heureux, puisque les autres rois commencent à l'être, et que vos lumières se communiquent de proche en proche.

« Allons voir, continua-t-elle, un changement

plus favorable et plus surprenant. Allons dans cette immense région hyperborée, qui était si barbare il y a quatre-vingts ans, et qui est aujourd'hui si éclairée et si invincible. Allons contempler celle qui a achevé le miracle d'une création nouvelle... »

Elles y coururent, et avouèrent qu'on ne leur en avait pas assez dit.

Elles ne cessaient d'admirer combien le monde était changé depuis quelques années. Elles en concluaient que peut-être un jour le Chili et les Terres Australes seraient le centre de la politesse et du bon goût, et qu'il faudrait aller au pôle antarctique pour apprendre à vivre.

Quand elles furent en Angleterre, la Vérité dit à sa mère : « Il me semble que le bonheur de cette nation n'est point fait comme celui des autres ; elle a été plus folle, plus fanatique, plus cruelle et plus malheureuse qu'aucune de celles que je connais ; et la voilà qui s'est fait un gouvernement unique, dans lequel on a conservé tout ce que la monarchie a d'utile, et tout ce qu'une république a de nécessaire. Elle est supérieure dans la guerre, dans les lois, dans les arts, dans le commerce. Je la vois seulement embarrassée de l'Amérique septentrionale, qu'elle a conquise à un bout de l'univers, et des plus belles provinces de l'Inde, subjuguées à l'autre bout. Comment portera-t-elle ces deux fardeaux de sa félicité? — Le poids est lourd, dit la Raison ; mais, pour peu qu'elle m'écoute, elle trouvera des leviers qui le rendront très léger. »

Enfin la Raison et la Vérité passèrent par la France. Elles y avaient fait déjà quelques apparitions, et en avaient été chassées. « Vous souvient-il, disait la Vérité à sa mère, de l'extrême envie que nous eûmes de nous établir chez les Français dans les beaux jours de Louis XIV ? Mais les querelles impertinentes des jésuites et des jansénistes nous firent enfuir bientôt. Les plaintes continuelles des peuples ne nous rappelèrent pas. J'entends à présent les acclamations de vingt millions d'hommes qui bénissent le Ciel. Les uns disent : « Cet avè-
« nement est d'autant plus joyeux que nous n'en
« payons pas la joie. » Les autres crient : « Le
« luxe n'est que vanité. Les doubles emplois, les
« dépenses superflues, les profits excessifs, vont
« être retranchés » ; et ils ont raison. « Tout im-
« pôt nouveau va être aboli » ; et ils ont tort : car il faut que chaque particulier paye pour le bonheur général.

« Les lois vont être uniformes. » Rien n'est plus à désirer, mais rien n'est plus difficile. « On va
« répartir aux indigents qui travaillent, et surtout
« aux pauvres officiers, les biens immenses de cer-
« tains oisifs qui ont fait vœu de pauvreté. Ces
« gens de mainmorte n'auront plus eux-mêmes des
« esclaves de mainmorte. On ne verra plus des
« huissiers de moines chasser de la maison pater-
« nelle des orphelins réduits à la mendicité pour
« enrichir de leurs dépouilles un couvent jouissant
« des droits seigneuriaux, qui sont les droits des
« anciens conquérants. On ne verra plus des

« familles entières demandant vainement l'aumône
« à la porte de ce couvent qui les dépouille. » Plût
à Dieu ! Rien n'est plus digne d'un roi. Le roi de
Sardaigne a détruit chez lui cet abus abominable.
Fasse le Ciel que cet abus soit exterminé en
France !

« N'entendez-vous pas, ma mère, toutes ces
voix qui disent : « Les mariages de cent mille fa-
« milles utiles à l'État ne seront plus réputés con-
« cubinages ; et les enfants ne seront plus déclarés
« bâtards par la loi » ? La nature, la justice, et
vous, ma mère, tout demande sur ce grand objet
un règlement sage, qui soit compatible avec le
repos de l'État et avec les droits de tous les
hommes.

« On rendra la profession de soldat si hono-
« rable que l'on ne sera plus tenté de déserter. »
La chose est possible, mais délicate.

« Les petites fautes ne seront point punies
« comme de grands crimes, parce qu'il faut de la
« proportion à tout. Une loi barbare, obscuré-
« ment énoncée, mal interprétée, ne fera plus pé-
« rir sous des barres de fer et dans les flammes
« des enfants indiscrets et imprudents, comme s'ils
« avaient assassiné leurs pères et leurs mères. »
Ce devrait être le premier axiome de la justice
criminelle.

« Les biens d'un père de famille ne seront plus
« confisqués, parce que les enfants ne doivent point
« mourir de faim pour les fautes de leur père,
« et que le roi n'a nul besoin de cette misérable

« confiscation. » A merveille ! et cela est digne de
la magnanimité du souverain.

    « La torture, inventée autrefois par les voleurs
« de grands chemins pour forcer les volés à dé-
« couvrir leur trésor, et employée aujourd'hui chez
« un petit nombre de nations pour sauver le cou-
« pable robuste, et pour perdre l'innocent faible
« de corps et d'esprit, ne sera plus en usage que
« dans les crimes de lèse-société au premier chef,
« et seulement pour avoir révélation des complices.
« Mais ces crimes ne se commettront jamais. » On
ne peut mieux. Voilà les vœux que j'entends faire
partout, et j'écrirai tous ces grands changements
dans mes annales, moi qui suis la Vérité.

    « J'entends encore proférer autour de moi, dans
tous les tribunaux, ces paroles remarquables :
« Nous ne citerons plus jamais les deux puis-
« sances, parce qu'il ne peut en exister qu'une :
« celle du roi, ou de la loi, dans une monarchie ;
« celle de la nation dans une république. La puis-
« sance divine est d'une nature si différente et si
« supérieure qu'elle ne doit pas être compromise
« par un mélange profane avec les lois humaines.
« L'infini ne peut se joindre au fini. Grégoire VII
« fut le premier qui osa appeler l'infini à son se-
« cours dans ses guerres jusqu'alors inouïes contre
« Henri IV, empereur trop fini ; j'entends trop
« borné. Ces guerres ont ensanglanté l'Europe
« bien longtemps ; mais enfin on a séparé ces deux
« êtres vénérables qui n'ont rien de commun, et
« c'est le seul moyen d'être en paix. »

« Ces discours, que tiennent tous les ministres des lois, me paraissent bien forts. Je sais qu'on ne reconnaît deux puissances ni à la Chine, ni dans l'Inde, ni en Perse, ni à Constantinople, ni à Moscou, ni à Londres, etc... Mais je m'en rapporte à vous, ma mère. Je n'écrirai rien que ce que vous aurez dicté. »

La Raison lui répondit : « Ma fille, vous sentez bien que je désire à peu près les mêmes choses et bien d'autres. Tout cela demande du temps et de la réflexion. J'ai toujours été très contente quand, dans mes chagrins, j'ai obtenu une partie des soulagements que je voulais. Je suis aujourd'hui trop heureuse.

« Vous souvenez-vous du temps où presque tous les rois de la terre, étant dans une profonde paix, s'amusaient à jouer aux énigmes, et où la belle reine de Saba venait proposer tête à tête des logogriphes à Salomon ? — Oui, ma mère ; c'était un bon temps, mais il n'a pas duré. — Eh bien ! reprit la mère, celui-ci est infiniment meilleur. On ne songeait alors qu'à montrer un peu d'esprit ; et je vois que depuis dix à douze ans on s'est appliqué dans l'Europe aux arts et aux vertus nécessaires qui adoucissent l'amertume de la vie. Il semble en général qu'on se soit donné le mot pour penser plus solidement qu'on n'avait fait pendant des milliers de siècles. Vous, qui n'avez jamais pu mentir, dites-moi quel temps vous auriez choisi ou préféré au temps où nous sommes pour vous habituer en France.

— J'ai la réputation, répondit la fille, d'aimer à dire des choses assez dures aux gens chez qui je me trouve, et vous savez bien que j'y ai toujours été forcée ; mais j'avoue que je n'ai que du bien à dire du temps présent, en dépit de tant d'auteurs qui ne louent que le passé.

« Je dois instruire la postérité que c'est dans cet âge que les hommes ont appris à se garantir d'une maladie affreuse et mortelle, en se la donnant moins funeste ; à rendre la vie à ceux qui la perdent dans les eaux ; à gouverner et à braver le tonnerre ; à suppléer au point fixe qu'on désire en vain d'occident en orient. On a fait plus en morale : on a osé demander justice aux lois contre des lois qui avaient condamné la vertu au supplice ; et cette justice a été quelquefois obtenue. Enfin on a osé prononcer le mot de tolérance.

— Eh bien ! ma chère fille, jouissons de ces beaux jours ; restons ici, s'ils durent ; et, si les orages surviennent, retournons dans notre puits. »

HISTOIRE DE JENNI

ou

L'ATHÉE ET LE SAGE

PAR M. SHERLOC

TRADUIT PAR M. DE LA CAILLE

HISTOIRE DE JENNI

CHAPITRE PREMIER

Vous me demandez, Monsieur, quelques détails sur notre ami le respectable Freind, et sur son étrange fils. Le loisir dont je jouis enfin après la retraite de milord Peterborough me permet de vous satisfaire. Vous serez aussi étonné que je l'ai été, et vous partagerez tous mes sentiments.

Vous n'avez guère vu ce jeune et malheureux Jenni, ce fils unique de Freind, que son père mena avec lui en Espagne lorsqu'il était chapelain de notre armée, en 1705. Vous partîtes pour Alep avant que milord assiégeât Barcelone ; mais vous avez raison de me dire que Jenni était de la figure la plus aimable et la plus engageante, et qu'il annonçait du courage et de l'esprit. Rien n'est plus vrai ; on ne pouvait le voir sans l'aimer. Son père l'avait d'abord destiné à l'Église ; mais, le jeune homme ayant marqué de la répugnance pour cet état, qui demande tant d'art, de ménagement et de finesse, ce père sage aurait cru faire un crime et une sottise de forcer la nature.

Jenni n'avait pas encore vingt ans. Il voulut absolument servir en volontaire à l'attaque du Montjouy, que nous emportâmes, et où le prince de Hesse fut tué. Notre pauvre Jenni, blessé, fut prisonnier et mené dans la ville. Voici un récit très fidèle de ce qui lui arriva depuis l'attaque du Montjouy jusqu'à la prise de Barcelone. Cette relation est d'une Catalane un peu trop libre et trop naïve; de tels écrits ne vont point jusqu'au cœur du sage. Je pris cette relation chez elle lorsque j'entrai dans Barcelone à la suite de milord Peterborough. Vous la lirez sans scandale comme un portrait fidèle des mœurs du pays.

AVENTURE

D'UN JEUNE ANGLAIS NOMMÉ JENNI
ÉCRITE DE LA MAIN DE DONA LAS NALGAS

Lorsqu'on nous dit que les mêmes sauvages qui étaient venus, par l'air, d'une île inconnue nous prendre Gibraltar, venaient assiéger notre belle ville de Barcelone, nous commençâmes par faire des neuvaines à la sainte Vierge de Manrèze : ce qui est assurément la meilleure manière de se défendre.

Ce peuple, qui venait nous attaquer de si loin, s'appelle d'un nom qu'il est difficile de prononcer, car c'est *English*. Notre révérend Père inquisiteur, don Jeronimo Bueno Caracucarador prêcha contre ces brigands. Il lança contre eux une excommunication majeure dans Notre-Dame d'Elpino. Il nous assura que les English avaient des queues de singes, des pattes d'ours et des têtes de perroquets ; qu'à la vérité ils parlaient quelquefois comme des hommes, mais qu'ils sifflaient presque toujours ; que de plus ils étaient notoirement hérétiques ; que la sainte Vierge, qui est très favorable aux autres pécheurs et pécheresses, ne pardonnait jamais aux hérétiques, et que par conséquent ils seraient tous infailliblement exterminés, surtout s'ils se présentaient devant le Montjouy. A peine avait-il fini son sermon que nous apprîmes que le Montjouy était pris d'assaut.

Le soir, on nous conta qu'à cet assaut nous avions blessé un jeune English, et qu'il était entre nos mains. On cria dans toute la ville : *Vitoria, Vitoria !* et on fit des illuminations.

La dona Boca Vermeja, qui avait l'honneur d'être maîtresse du révérend Père inquisiteur, eut une extrême envie de voir comment un animal english et hérétique était fait. C'était mon intime amie : j'étais aussi curieuse qu'elle. Mais il fallut attendre qu'il fût guéri de sa blessure ; ce qui ne tarda pas.

Nous sûmes bientôt après qu'il devait prendre les bains chez mon cousin germain Elvob, le baigneur, qui est, comme on sait, le meilleur chirurgien de la ville. L'impatience de voir ce monstre redoubla dans mon amie Boca Vermeja. Nous n'eûmes point de cesse, point de repos, nous n'en donnâmes point à mon cousin le baigneur, jusqu'à ce qu'il nous eût cachées dans une petite garde-robe, derrière une jalousie par laquelle on voyait la baignoire. Nous y entrâmes sur la pointe du pied, sans faire aucun bruit, sans parler, sans oser respirer, précisément dans le temps que l'English sortait de l'eau. Son visage n'était pas tourné vers nous ; il ôta un petit bonnet sous lequel étaient renoués ses cheveux blonds, qui descendirent en grosses boucles sur la plus belle chute de reins que j'aie vue de ma vie ; ses bras, ses cuisses, ses jambes, me parurent d'un charnu, d'un fini, d'une élégance, qui approche, à mon gré, l'Apollon du Belvédère de Rome, dont la copie est chez mon oncle le sculpteur.

Dona Boca Vermeja était extasiée de surprise et d'enchantement. J'étais saisie comme elle ; je ne pus m'empêcher de dire : *Oh ! que hermoso muchacho !* Ces paroles, qui m'échappèrent, firent tourner le jeune homme. Ce fut bien pis alors ; nous vîmes le visage d'Adonis sur le corps d'un jeune Hercule. Il s'en fallut peu que dona Boca Vermeja ne tombât à la renverse, et moi aussi. Ses yeux s'allumèrent et se couvrirent d'une légère rosée, à travers laquelle on entrevoyait des traits de flamme. Je ne sais ce qui arriva aux miens.

Quand elle fut revenue à elle : « Saint Jacques, me dit-elle, et sainte Vierge ! est-ce ainsi que sont faits les hérétiques ? Eh ! qu'on nous a trompées ! »

Nous sortîmes le plus tard que nous pûmes. Boca Vermeja fut bientôt éprise du plus violent amour pour le monstre hérétique. Elle est plus belle que moi, je l'avoue ; et j'avoue aussi que je me sentis doublement jalouse. Je lui représentai qu'elle se damnait en trahissant le révérend Père inquisiteur don Jeronimo Bueno Caracucarador opur un English. « Ah ! ma chère Las Nalgas, me dit-elle (car Las Nalgas est mon nom), je trahirais Melchisédech pour ce beau jeune homme. » Elle n'y manqua pas, et, puisqu'il faut tout dire, je donnais secrètement plus de la dîme des offrandes.

Un des familiers de l'Inquisition, qui entendait quatre messes par jour pour obtenir de Notre-Dame de Manrèze la destruction des English, fut instruit de nos actes de dévotion. Le révérend

Père don Caracucarador nous donna le fouet à toutes deux. Il fit saisir notre cher English par vingt-quatre alguazils de la Sainte Hermandad. Jenni en tua cinq et fut pris par les dix-neuf qui restaient. On le fit reposer dans un caveau bien frais. Il fut destiné à être brûlé le dimanche suivant en cérémonie, orné d'un grand san-benito et d'un bonnet en pain de sucre, en l'honneur de notre Sauveur et de la vierge Marie, sa mère. Don Caracucarador prépara un beau sermon, mais il ne put le prononcer, car le dimanche même la ville fut prise à quatre heures du matin.

Ici finit le récit de dona Las Nalgas. C'était une femme qui ne manquait pas d'un certain esprit, que les Espagnols appellent *agudeza*.

CHAPITRE II

Vous savez quelle admirable conduite tint le comte de Peterborough dès qu'il fut maître de Barcelone ; comme il empêcha le pillage ; avec quelle sagacité prompte il mit ordre à tout ; comme il arracha la duchesse de Popoli des mains de quelques soldats allemands ivres, qui la volaient et qui la violaient. Mais vous peindrez-vous bien la surprise, la douleur, l'anéantissement, la colère, les larmes, les transports, de notre ami Freind, quand il apprit que Jenni était dans les cachots du Saint-Office, et que son bûcher était préparé ? Vous savez que les têtes les plus froides sont les plus animées dans les grandes occasions. Vous eussiez vu ce père, que vous avez connu si grave et si imperturbable, voler à l'antre de l'Inquisition plus vite que nos chevaux de race ne courent à Newmarket. Cinquante soldats, qui le suivaient hors d'haleine, étaient toujours à deux cents pas de lui. Il arrive, il entre dans la caverne. Quel moment ! que de pleurs et que de joie ! Vingt victimes destinées à la même cérémonie que Jenni sont délivrées. Tous ces prisonniers s'arment ; tous se joignent à nos soldats ; ils démolissent le Saint-Office en dix minutes, et déjeunent sur ses ruines avec le vin et le jambon des inquisiteurs.

Au milieu de ce fracas, et des fanfares, et des tambours, et du retentissement de quatre cents canons qui annonçaient notre victoire à la Catalogne, notre ami Freind avait repris la tranquillité que vous lui connaissez. Il était calme comme l'air dans un beau jour après un orage. Il élevait à Dieu un cœur aussi serein que son visage, lorsqu'il vit sortir du soupirail d'une cave un spectre noir en surplis, qui se jeta à ses pieds et qui lui criait miséricorde. « Qui es-tu ? lui dit notre ami ; viens-tu de l'enfer ? — A peu près, répondit l'autre ; je suis don Jeronimo Bueno Caracucarador, inquisiteur pour la foi ; je vous demande très humblement pardon d'avoir voulu cuire monsieur votre fils en place publique : je le prenais pour un juif.

— Eh ! quand il serait juif, répondit notre ami avec son sang-froid ordinaire, vous sied-il bien, Monsieur Caracucarador, de cuire des gens parce qu'ils sont descendus d'une race qui habitait autrefois un petit canton pierreux tout près du désert de Syrie ? Que vous importe qu'un homme ait un prépuce, ou qu'il n'en ait pas, et qu'il fasse sa pâque dans la pleine lune rousse, ou le dimanche d'après ? Cet homme est juif, donc il faut que je le brûle ; et tout son bien m'appartient : voilà un très mauvais argument ; on ne raisonne point ainsi dans la Société royale de Londres.

« Savez-vous bien, Monsieur Caracucarador, que Jésus-Christ était juif, qu'il naquit, vécut et mourut juif ; qu'il fit sa pâque en juif dans la pleine lune ; que tous ses apôtres étaient juifs ; qu'ils allèrent dans le temple juif après son malheur, comme il est dit expressément ; que les quinze premiers évêques secrets de Jérusalem étaient juifs ? Mon fils ne l'est pas, il est anglican : quelle idée vous a passé par la tête de le brûler ? »

L'inquisiteur Caracucarador, épouvanté de la science de M. Freind, et toujours prosterné à ses pieds, lui dit : « Hélas ! nous ne savions rien de tout cela dans l'université de Salamanque. Pardon, encore une fois ; mais la véritable raison est que monsieur votre fils m'a pris ma maîtresse Boca Vermeja. — Ah ! s'il vous a pris votre maîtresse, repartit Freind, c'est autre chose ; il ne faut jamais prendre le bien d'autrui. Il n'y a pourtant pas là une raison suffisante (comme dit Leibnitz) pour brûler un jeune homme. Il faut proportionner les peines aux délits. Vous autres, chrétiens de delà la mer britannique en tirant vers le sud, vous avez plus tôt fait cuire un de vos frères, soit le conseiller Anne Dubourg, soit Michel Servet, soit tous ceux qui furent ars sous Philippe second surnommé le *Discret*, que nous ne faisons rôtir un roast-beef à Londres. Mais qu'on m'aille chercher Mlle Boca Vermeja, et que je sache d'elle la vérité. »

Boca Vermeja fut amenée pleurante, et embellie par ses larmes, comme c'est l'usage. « Est-il vrai, Mademoiselle, que vous aimez tendrement don Caracucarador, et que mon fils Jenni vous ait prise à force ? — A force ! Monsieur l'Anglais, c'était assurément du meilleur de mon cœur. Je n'ai jamais rien vu de si beau et de si aimable que monsieur votre fils ; et je vous trouve bienheureux d'être son père. C'est moi qui lui ai fait toutes les avances ; il les mérite bien : je le suivrai jusqu'au bout du monde, si le monde a un bout. J'ai toujours, dans le fond de mon âme, détesté ce vilain inquisiteur ; il m'a fouettée presque jusqu'au sang, moi et Mlle Las Nalgas. Si vous voulez me rendre la vie douce, vous ferez pendre ce scélérat de moine à ma fenêtre, tandis que je jurerai à monsieur votre fils un amour éternel : heureuse si je pouvais jamais lui donner un fils qui vous ressemble ! »

En effet, pendant que Boca Vermeja prononçait ces paroles naïves, milord Peterborough envoyait chercher l'inquisiteur Caracucarador pour le faire pendre. Vous ne serez pas surpris quand je vous dirai que M. Freind s'y opposa fortement. « Que votre juste colère, dit-il, respecte votre générosité ; il ne faut jamais faire mourir un homme que quand la chose est absolument nécessaire pour le salut du prochain. Les Espagnols diraient que les Anglais sont des barbares qui tuent tous les prêtres qu'ils rencontrent. Cela pourrait faire grand tort à monsieur l'archiduc, pour lequel vous venez de prendre Barcelone. Je suis assez content que mon fils soit sauvé, et que ce coquin de moine soit hors d'état d'exercer ses fonctions inquisitoriales. » Enfin le sage et charitable Freind en dit tant que milord se contenta de faire fouetter Caracucarador, comme ce misérable avait fouetté miss Boca Vermeja et miss Las Nalgas.

Tant de clémence toucha le cœur des Catalans. Ceux qui avaient été délivrés des cachots de l'Inquisition conçurent que notre religion valait infiniment mieux que la leur. Ils demandèrent presque tous à être reçus dans l'Église anglicane; et même quelques bacheliers de l'université de Salamanque, qui se trouvaient dans Barcelone, voulurent être éclairés. La plupart le furent bientôt. Il n'y en eut qu'un seul, nommé don Inigo y Medroso y Comodios y Papalamiendo, qui fut un peu rétif.

Voici le précis de la dispute honnête que notre cher ami Freind et le bachelier don Papalamiendo eurent ensemble en présence de milord Peterborough. On appela cette conversation familière le dialogue des *Mais*. Vous verrez aisément pourquoi, en le lisant.

CHAPITRE III

PRÉCIS DE LA CONTROVERSE DES MAIS ENTRE M. FREIND
ET DON INIGO Y MEDROSO Y PAPALAMIENDO, BACHELIER
DE SALAMANQUE

LE BACHELIER

MAIS, Monsieur, malgré toutes les belles choses que vous venez de me dire, vous m'avouerez que votre Église anglicane, si respectable, n'existait pas avant don Luther, et avant don Œcolampade. Vous êtes tout nouveaux : donc vous n'êtes pas de la maison.

FREIND

C'est comme si on me disait que je ne suis pas le fils de mon grand-père, parce qu'un collatéral, demeurant en Italie, s'était emparé de son testament et de mes titres. Je les ai heureusement retrouvés, et il est clair que je suis le petit-fils de mon grand-père. Nous sommes, vous et moi, de la même famille, à cela près que nous autres Anglais nous lisons le testament de notre grand-père dans notre propre langue, et qu'il vous est défendu de le lire dans la vôtre. Vous êtes esclaves d'un étranger, et nous ne sommes soumis qu'à notre raison.

LE BACHELIER

Mais si votre raison vous égare?... car enfin vous ne croyez point à notre université de Salamanque, laquelle a déclaré l'infaillibilité du pape, et son droit incontestable sur le passé, le présent, le futur et le paulo-post-futur.

FREIND

Hélas ! les apôtres n'y croyaient pas non plus. Il est écrit que ce Pierre, qui renia son maître Jésus, fut sévèrement tancé par Paul. Je n'examine point ici lequel des deux avait tort; ils l'avaient peut-être tous deux, comme il arrive dans presque toutes les querelles; mais enfin, il n'y a pas un seul endroit dans les *Actes des apôtres* où Pierre soit regardé comme le maître de ses compagnons et du paulo-post-futur.

LE BACHELIER

Mais certainement saint Pierre fut archevêque de Rome : car Sanchez nous enseigne que ce grand homme y arriva du temps de Néron, et qu'il y occupa le trône archiépiscopal pendant vingt-cinq ans sous ce même Néron, qui n'en régna que treize. De plus il est de foi, et c'est dom Grillandus, le prototype de l'Inquisition, qui l'affirme (car nous ne lisons jamais la sainte Bible), il est de foi, dis-je, que saint Pierre était à Rome une certaine année ; car il date une de ses lettres de Babylone : car, puisque Babylone est visiblement l'anagramme de Rome, il est clair que le pape est de droit divin le maître de toute la terre : car, de plus, tous les licenciés de Salamanque ont démontré que Simon Vertu-Dieu, premier sorcier, conseiller d'État de l'empereur Néron, envoya faire des compliments par son chien à saint Simon Barjone, autrement dit saint Pierre, dès qu'il fut à Rome ; que saint Pierre, n'étant pas moins poli, envoya aussi son chien complimenter Simon Vertu-Dieu ; qu'ensuite ils jouèrent à qui ressusciterait le plus tôt un cousin germain de Néron ; que Simon Vertu-Dieu ne ressuscita son mort qu'à moitié, et que Simon Barjone gagna la partie en ressuscitant le cousin tout à fait ; que Vertu-Dieu voulut avoir sa revanche en volant dans les airs comme saint Dédale, et que saint Pierre lui cassa les deux jambes en le faisant tomber. C'est pourquoi saint Pierre reçut la couronne du martyre, la tête en bas et les jambes en haut[1] : donc il est démontré *a posteriori* que notre saint-père le pape doit régner sur tous ceux qui ont des couronnes sur la tête, et qu'il est le maître du passé, du présent et de tous les futurs du monde.

FREIND

Il est clair que toutes ces choses arrivèrent dans le temps où Hercule, d'un tour de main, sépara les deux montagnes Calpé et Abyla, et passa le détroit de Gibraltar dans son gobelet ; mais ce n'est pas sur ces histoires, tout authentiques qu'elles sont, que nous fondons notre religion ; c'est sur l'Évangile.

---

1. Toute cette histoire est racontée par Abdias, Marcel et Hégésippe. Eusèbe en rapporte une partie.

LE BACHELIER

Mais, Monsieur, sur quels endroits de l'Évangile ? Car j'ai lu une partie de cet Évangile dans nos cahiers de théologie. Est-ce sur l'ange descendu des nuées pour annoncer à Marie qu'elle sera engrossée par le Saint-Esprit ? Est-ce sur le voyage des trois rois et d'une étoile ? sur le massacre de tous les enfants du pays ? sur la peine que prit le diable d'emporter Dieu dans le désert, au faîte du temple et à la cime d'une montagne, dont on découvrait tous les royaumes de la terre ? sur le miracle de l'eau changée en vin à une noce de village ? sur le miracle de deux mille cochons que le diable noya dans un lac par ordre de Jésus ? sur...

FREIND

Monsieur, nous respectons toutes ces choses, parce qu'elles sont dans l'Évangile, et nous n'en parlons jamais, parce qu'elles sont trop au-dessus de la faible raison humaine.

LE BACHELIER

Mais on dit que vous n'appelez jamais la sainte Vierge mère de Dieu ?

FREIND

Nous la révérons, nous la chérissons ; mais nous croyons qu'elle se soucie peu des titres qu'on lui donne ici-bas. Elle n'est jamais nommée mère de Dieu dans l'Évangile. Il y eut une grande dispute, en 431, à un concile d'Éphèse, pour savoir si Marie était *théotocos*, et si, Jésus-Christ étant Dieu à la fois et fils de Marie, il se pouvait que Marie fût à la fois mère de Dieu le Père et de Dieu le Fils. Nous n'entrons point dans ces querelles d'Éphèse, et la Société royale de Londres ne s'en mêle pas.

.LE BACHELIER

Mais, Monsieur, vous me donnez là du *théotocos*! qu'est-ce que *théotocos*, s'il vous plaît?

FREIND

Cela signifie mère de Dieu. Quoi! vous êtes bachelier de Salamanque, et vous ne savez pas le grec?

LE BACHELIER

Mais le grec, le grec! de quoi cela peut-il servir à un Espagnol? Mais, Monsieur, croyez-vous que Jésus ait une nature, une personne et une volonté? ou deux natures, deux personnes et deux volontés? ou une volonté, une nature et deux personnes? ou deux volontés, deux personnes et une nature? ou...

FREIND

Ce sont encore les affaires d'Éphèse; cela ne nous importe en rien.

LE BACHELIER

Mais qu'est-ce donc qui vous importe? Pensez-vous qu'il n'y ait que trois personnes en Dieu, ou qu'il y ait trois dieux en une personne? La seconde personne procède-t-elle de la première personne, et la troisième procède-t-elle des deux autres, ou de la seconde *intrinsecus,* ou de la première seulement? le Fils a-t-il tous les attributs du Père, excepté la paternité? et cette troisième personne vient-elle par infusion, ou par identification, ou par spiration?

FREIND

L'Évangile n'agite pas cette question, et jamais saint Paul n'écrit le nom de Trinité.

LE BACHELIER

Mais vous me parlez toujours de l'Evangile, et jamais de saint Bonaventure, ni d'Albert le Grand, ni de Tamburini, ni de Grillandus, ni d'Escobar.

FREIND

C'est que je ne suis ni dominicain, ni cordelier, ni jésuite; je me contente d'être chrétien.

LE BACHELIER

Mais si vous êtes chrétien, dites-moi en conscience, croyez-vous que le reste des hommes soit damné éternellement?

FREIND

Ce n'est point à moi à mesurer la justice de Dieu et sa miséricorde.

LE BACHELIER

Mais enfin, si vous êtes chrétien, que croyez-vous donc ?

FREIND

Je crois, avec Jésus-Christ, qu'il faut aimer Dieu et son prochain, pardonner les injures et réparer ses torts. Croyez-moi, adorez Dieu, soyez juste et bienfaisant : voilà tout l'homme. Ce sont là les maximes de Jésus. Elles sont si vraies qu'aucun législateur, aucun philosophe, n'a jamais eu d'autres principes avant lui, et qu'il est impossible qu'il y en ait d'autres. Ces vérités n'ont jamais eu et ne peuvent avoir pour adversaires que nos passions.

LE BACHELIER

Mais... ah! ah! à propos de passions, est-il vrai que vos évêques, vos prêtres et vos diacres, vous êtes tous mariés ?

FREIND

Cela est très vrai. Saint Joseph, qui passa pour être père de Jésus, était marié. Il eut pour fils Jacques le Mineur, surnommé *Oblia,* frère de notre Seigneur ; lequel, après la mort de Jésus, passa sa vie dans le temple. Saint Paul, le grand saint Paul, était marié.

LE BACHELIER

Mais Grillandus et Molina disent le contraire.

FREIND

Molina et Grillandus diront tout ce qu'ils voudront, j'aime mieux croire saint Paul lui-même, car il dit dans sa première aux Corinthiens[1] : « N'avons-vous pas le droit de boire et de manger à vos dépens ? N'avons-nous pas le droit de mener avec nous notre femme, notre sœur, comme font les autres apôtres, et les frères de notre Seigneur, et Céphas ? Va-t-on jamais à la guerre à ses dépens ? Quand on a planté une vigne, n'en mange-t-on pas le fruit ? etc. »

LE BACHELIER

Mais, Monsieur, est-il bien vrai que saint Paul ait dit cela ?

FREIND

Oui, il a dit cela, et il en a dit bien d'autres.

LE BACHELIER

Mais quoi ! ce prodige, cet exemple de la grâce efficace...

FREIND

Il est vrai, Monsieur, que sa conversion était un grand prodige. J'avoue que, suivant les *Actes des Apôtres*, il avait été le plus cruel satellite des ennemis de Jésus. Les *Actes* disent qu'il servit à lapider saint Étienne ; il dit lui-même que, quand les Juifs faisaient mourir un suivant de Jésus,

1. Chap. IX.

c'était lui qui portait la sentence, *detuli sententiam* .
J'avoue qu'Abdias, son disciple, et Jules Africain,
son traducteur, l'accusent aussi d'avoir fait mourir Jacques Oblia, frère de Notre-Seigneur[2];
mais ses fureurs rendent sa conversion plus admirable et ne l'ont pas empêché de trouver une
femme. Il était marié, vous dis-je, comme saint
Clément d'Alexandrie le déclare expressément.

LE BACHELIER

Mais c'était donc un digne homme, un brave
homme que saint Paul ! Je suis fâché qu'il ait
assassiné saint Jacques et saint Étienne, et fort
surpris qu'il ait voyagé au troisième ciel; mais
poursuivez, je vous prie.

FREIND

Saint Pierre, au rapport de saint Clément
d'Alexandrie, eut des enfants, et même on compte
parmi eux une sainte Pétronille. Eusèbe, dans son
Histoire de l'Église, dit que saint Nicolas, l'un des
premiers disciples, avait une très belle femme, et
que les apôtres lui reprochèrent d'en être trop
occupé, et d'en paraître jaloux... « Messieurs,
leur dit-il, la prenne qui voudra, je vous la cède[3]. »
Dans l'économie juive, qui devait durer éternel-

1. *Actes*, chap. XXVI.

2. *Histoire apostolique d'Abdias*. Traduction de Jules Africain,
liv. VI, p. 595 et suiv.

3. Eusèbe, liv. III, chap. XXX.

lement, et à laquelle cependant a succédé l'économie chrétienne, le mariage était non seulement
permis, mais expressément ordonné aux prêtres,
puisqu'ils devaient être de la même race ; et le
célibat était une espèce d'infamie.

Il faut bien que le célibat ne fût pas regardé
comme un état bien pur et bien honorable par les
premiers chrétiens, puisque parmi les hérétiques
anathématisés dans les premiers conciles on trouve
principalement ceux qui s'élevaient contre le mariage des prêtres, comme saturniens, basilidiens,
montanistes, encratistes, et autres *ens* et *istes*. Voilà
pourquoi la femme d'un saint Grégoire de Nazianze
accoucha d'un autre saint Grégoire de Nazianze,
et qu'elle eut le bonheur inestimable d'être femme
et mère d'un canonisé, ce qui n'est pas même arrivé
à sainte Monique, mère de saint Augustin.

Voilà pourquoi je pourrais vous nommer autant
et plus d'anciens évêques mariés que vous n'avez
autrefois eu d'évêques et de papes concubinaires,
adultères, ou pédérastes : ce qu'on ne trouve plus
aujourd'hui en aucun pays. Voilà pourquoi l'Église
grecque, mère de l'Église latine, veut encore que
les curés soient mariés. Voilà enfin pourquoi, moi
qui vous parle, je suis marié, et j'ai le plus bel
enfant du monde.

Et dites-moi, mon cher bachelier, n'avez-vous
pas dans votre Église sept sacrements de compte
fait, qui sont tous des signes visibles d'une chose
invisible ? Or un bachelier de Salamanque jouit
des agréments du baptême dès qu'il est né ; de la

confirmation dès qu'il a des culottes ; de la confession dès qu'il a fait quelques fredaines, ou qu'il entend celles des autres ; de la communion, quoique un peu différente de la nôtre, dès qu'il a treize ou quatorze ans ; de l'ordre quand il est tondu sur le haut de la tête, et qu'on lui donne un bénéfice de vingt, ou trente, ou quarante mille piastres de rente ; enfin de l'extrême-onction quand il est malade. Faut-il le priver du sacrement de mariage quand il se porte bien, surtout après que Dieu lui-même a marié Adam et Ève : Adam, le premier des bacheliers du monde, puisqu'il avait la science infuse, selon votre école ; Ève, la première bachelette, puisqu'elle tâta de l'arbre de la science avant son mari ?

LE BACHELIER

Mais, s'il est ainsi, je ne dirai plus *mais*. Voilà qui est fait, je suis de votre religion : je me fais anglican. Je veux me marier à une femme honnête qui fera toujours semblant de m'aimer, tant que je serai jeune, qui aura soin de moi dans ma vieillesse, et que j'enterrerai proprement si je lui survis : cela vaut mieux que de cuire des hommes et de déshonorer des filles, comme a fait mon cousin don Caracucarador, inquisiteur pour la foi.

Tel est le précis fidèle de la conversation qu'eurent ensemble le docteur Freind et le bachelier don Papalamiendo, nommé depuis par nous Papa Dexando. Cet entretien curieux fut rédigé par Jacob Hulf, l'un des secrétaires de milord.

Après cet entretien, le bachelier me tira à part et me dit : « Il faut que cet Anglais, que j'avais cru d'abord anthropophage, soit un bien bon homme, car il est théologien, et il ne m'a point dit d'injures. » Je lui appris que M. Freind était tolérant, et qu'il descendait de la fille de Guillaume Penn, le premier des tolérants, et le fondateur de Philadelphie. « Tolérant et Philadelphie ! s'écria-t-il ; je n'avais jamais entendu parler de ces sectes-là ? » Je le mis au fait : il ne pouvait me croire, il pensait être dans un autre univers, et il avait raison.

CHAPITRE IV

Tandis que notre digne philosophe Freind éclairait ainsi les Barcelonais, et que son fils Jenni enchantait les Barcelonaises, milord Peterborough fut perdu dans l'esprit de la reine Anne, et dans celui de l'archiduc, pour leur avoir donné Barcelone. Les courtisans lui reprochèrent d'avoir pris cette ville contre toutes les règles, avec une armée moins forte de moitié que la garnison. L'archiduc en fut d'abord très piqué, et l'ami Freind fut obligé d'imprimer l'apologie du général.

Cependant cet archiduc, qui était venu conquérir le royaume d'Espagne, n'avait pas de quoi payer son chocolat. Tout ce que la reine Anne lui avait donné était dissipé. Montecuculli dit dans ses Mémoires, qu'il faut trois choses pour faire la guerre : 1° de l'argent, 2° de l'argent, 3° de l'argent. L'archiduc écrivit de Guadalaxara, où il était le 11 auguste 1706, à milord Peterborough, une grande lettre signée *yo el rey*, par laquelle il le conjurait d'aller sur-le-champ à Gênes, lui chercher, sur son crédit, cent mille livres sterling pour régner[1]. Voilà donc notre Sertorius devenu

---

1. Elle est imprimée dans l'*Apologie du comte de Peterborough*, par le docteur Freind, p. 143, chez Jonas Bourer.

banquier génois de général d'armée. Il confia sa dé-
tresse à l'ami Freind ; tous deux allèrent à Gênes ;
je les suivis, car vous savez que mon cœur me
mène. J'admirai l'habileté et l'esprit de concilia-
tion de mon ami dans cette affaire délicate. Je vis
qu'un bon esprit peut suffire à tout ; notre grand
Locke était médecin : il fut le seul métaphysicien
de l'Europe, et il rétablit les monnaies d'Angleterre.

Freind, en trois jours, trouva les cent mille
livres sterling, que la cour de Charles VI mangea
en moins de trois semaines. Après quoi il fallut
que le général, accompagné de son théologien, allât
se justifier à Londres, en plein parlement, d'avoir
conquis la Catalogne contre les règles, et de
s'être ruiné pour le service de la cause commune.
L'affaire traîna en longueur et en aigreur, comme
toutes les affaires de parti.

Vous savez que M. Freind avait été député en
parlement avant d'être prêtre, et qu'il est le seul
à qui l'on ait permis d'exercer ces deux fonctions
incompatibles. Or, un jour que Freind méditait
un discours qu'il devait prononcer dans la Chambre
des Communes, dont il était un digne membre, on
lui annonça une dame espagnole qui demandait à
lui parler pour affaire pressante. C'était dona
Boca Vermeja elle-même. Elle était tout en pleurs ;
notre bon ami lui fit servir à déjeuner. Elle essuya
ses larmes, déjeuna, et lui parla ainsi :

« Il vous souvient, mon cher Monsieur, qu'en
allant à Gênes vous ordonnâtes à M. votre fils
Jenni de partir de Barcelone pour Londres, et

d'aller s'installer dans l'emploi de clerc de l'Échi-
quier que votre crédit lui a fait obtenir. Il s'em-
barqua sur le *Triton* avec le jeune bachelier don
Papa Dexando, et quelques autres que vous aviez
convertis. Vous jugez bien que je fus du voyage
avec ma bonne amie Las Nalgas. Vous savez que
vous m'avez permis d'aimer monsieur votre fils,
et que je l'adore...

— Moi, Mademoiselle ! je ne vous ai point permis ce petit commerce ; je l'ai toléré : cela est bien
différent. Un bon père ne doit être ni le tyran de
son fils, ni son mercure. La fornication entre deux
personnes libres a été peut-être autrefois une
espèce de droit naturel dont Jenni peut jouir avec
discrétion sans que je m'en mêle ; je ne le gêne
pas plus sur ses maîtresses que sur son dîner et
sur son souper : s'il s'agissait d'un adultère,
j'avoue que je serais plus difficile, parce que l'adultère est un larcin ; mais pour vous, Mademoiselle,
qui ne faites tort à personne, je n'ai rien à vous
dire.

— Eh bien ! Monsieur c'est d'adultère qu'il
s'agit. Le beau Jenni m'abandonne pour une jeune
mariée qui n'est pas si belle que moi. Vous sentez
bien que c'est une injure atroce. — Il a tort »,
dit alors M. Freind. Boca Vermeja, en versant
quelques larmes, lui conta comment Jenni avait été
jaloux, ou fait semblant d'être jaloux du bachelier ; comment Mme Clive-Hart, jeune mariée, très
effrontée, très emportée, très masculine, très
méchante, s'était emparée de son esprit ; comment

il vivait avec des libertins non craignant Dieu ;
comment enfin il méprisait sa fidèle Boca Vermeja pour la coquine de Clive-Hart, parce que
la Clive-Hart avait une nuance ou deux de blan-
cheur et d'incarnat au-dessus de la pauvre Boca
Vermeja.

« J'examinerai cette affaire-là à loisir, dit le bon
Freind. Il faut que j'aille en parlement pour celle
de milord Peterborough. » Il alla donc en parlement : je l'y entendis prononcer un discours ferme
et serré, sans aucun lieu commun, sans épithète,
sans ce que nous appelons des phrases ; il n'*invo-
quait* point un témoignage, une loi ; il les attestait,
il les citait, il les réclamait ; il ne disait point qu'on
avait *surpris la religion* de la cour en accusant
milord Peterborough d'avoir hasardé les troupes
de la reine Anne, parce que ce n'était pas une
affaire de religion ; il ne prodiguait pas à une
conjecture le nom de démonstration ; il ne manquait pas de respect à l'auguste assemblée du parlement par de fades plaisanteries bourgeoises ; il
n'appelait pas milord Peterborough son client,
parce que le mot de client signifie un homme de la
bourgeoisie protégé par un sénateur. Freind parlait avec autant de modestie que de fermeté ;
on l'écoutait en silence ; on ne l'interrompait qu'en
disant : « *Hear him, hear him* : écoutez-le, écoutez-le. » La Chambre des Communes vota qu'on
remercierait le comte de Peterborough au lieu
de le condamner. Milord obtint la même justice
de la Cour des pairs, et se prépara à repartir avec

son cher Freind pour aller donner le royaume d'Espagne à l'archiduc : ce qui n'arriva pourtant pas, par la raison que rien n'arrive dans ce monde précisément comme on le veut.

Au sortir du parlement nous n'eûmes rien de plus pressé que d'aller nous informer de la conduite de Jenni. Nous apprîmes en effet qu'il menait une vie débordée et crapuleuse avec Mme Clive-Hart, et une troupe de jeunes athées, d'ailleurs gens d'esprit, à qui leurs débauches avaient persuadé que « l'homme n'a rien au-dessus de la bête ; qu'il naît et meurt comme la bête ; qu'ils sont également formés de terre ; qu'ils retournent également à la terre, et qu'il n'y a rien de bon et de sage que de se réjouir dans ses œuvres, et de vivre avec celle que l'on aime, comme le conclut Salomon à la fin de son chapitre troisième du *Coheleth,* que nous nommons *Ecclesiastès.* »

Ces idées leur étaient principalement insinuées par un nommé Wirburton, méchant garnement très impudent. J'ai lu quelque chose des manuscrits de ce fou : Dieu nous préserve de les voir imprimés un jour ! Wirburton prétend que Moïse ne croyait pas à l'immortalité de l'âme ; et, comme en effet Moïse n'en parla jamais, il en conclut que c'est la seule preuve que sa mission était divine. Cette conclusion absurde fait malheureusement conclure que la secte juive était fausse ; les impies en concluent par conséquent que la nôtre, fondée sur la juive, est fausse aussi, et que cette nôtre, qui est la meilleure de toutes, étant fausse, toutes les autres sont encore plus fausses; qu'ainsi il n'y a point de religion. De là quelques gens viennent à conclure qu'il n'y a point de Dieu; ajoutez à ces conclusions que ce petit Wirburton est un intrigant et un calomniateur. Voyez quel danger !

Un autre fou nommé Needham, qui est en secret jésuite, va bien plus loin. Cet animal, comme vous le savez d'ailleurs, et comme on vous l'a tant dit, s'imagine qu'il a créé des anguilles avec de la farine de seigle et du jus de mouton; que sur-le-champ ces anguilles en ont produit d'autres sans accouplement. Aussitôt nos philosophes décident qu'on peut faire des hommes avec de la farine de froment et du jus de perdrix, parce qu'ils doivent avoir une origine plus noble que celle des anguilles; ils prétendent que ces hommes en produiront d'autres incontinent; qu'ainsi ce n'est point Dieu qui a fait l'homme; que tout s'est fait de soi-même; qu'on peut très bien se passer de Dieu; qu'il n'y a point de Dieu. Jugez quels ravages le *Coheleth* mal entendu, et Wirburton et Needham bien entendus, peuvent faire dans de jeunes cœurs tout pétris de passions, et qui ne raisonnent que d'après elles.

Mais, ce qu'il y avait de pis, c'est que Jenni avait des dettes par-dessus les oreilles; il les payait d'une étrange façon. Un de ses créanciers était venu le jour même lui demander cent guinées pendant que nous étions en parlement. Le beau Jenni, qui jusque-là paraissait très doux et très poli, s'était battu avec lui, et lui avait donné pour tout payement un bon coup d'épée. On craignait que le blessé n'en mourût : Jenni allait être mis en prison et risquait d'être pendu, malgré la protection de milord Peterborough.

CHAPITRE V

Il nous souvient, mon cher ami, de la douleur et de l'indignation qu'avait ressenties le vénérable Freind quand il apprit que son cher Jenni était à Barcelone dans les prisons du Saint-Office; croyez qu'il fut saisi d'un plus violent transport en apprenant les déportements de ce malheureux enfant, ses débauches, ses dissipations, sa manière de payer ses créanciers, et son danger d'être pendu. Mais Freind se contint. C'est une chose étonnante que l'empire de cet excellent homme sur lui-même. Sa raison commande à son cœur, comme un bon maître à un bon domestique. Il fait tout à propos, et agit prudemment avec autant de célérité que les imprudents se déterminent. « Il n'est pas temps, dit-il, de prêcher Jenni; il faut le tirer du précipice. »

Vous saurez que notre ami avait touché la veille une très grosse somme de la succession de George Hubert, son oncle. Il va chercher lui-même notre grand chirurgien Cheselden. Nous le trouvons heureusement; nous allons ensemble chez le créancier blessé. M. Freind fait visiter sa plaie, elle n'était pas mortelle. Il donne au patient les cent guinées pour premier appareil, et cinquante autres en forme de réparation; il lui demande pardon pour son fils; il lui exprime sa douleur avec tant de tendresse, avec tant de vérité, que ce pauvre homme, qui était dans son lit, l'embrasse en versant des larmes, et veut lui rendre son argent. Ce spectacle étonnait et attendrissait le jeune M. Cheselden, qui commence à se faire une grande réputation, et dont le cœur est aussi bon que son coup d'œil et sa main sont habiles. J'étais ému, j'étais hors de moi ; je n'avais jamais tant révéré, tant aimé notre ami.

Je lui demandai, en retournant à sa maison, s'il ne ferait pas venir son fils chez lui, s'il ne lui représenterait pas ses fautes. « Non, dit-il, je veux qu'il les sente avant que je lui en parle. Soupons ce soir tous deux ; nous verrons ensemble ce que l'honnêteté m'oblige de faire. Les exemples corrigent bien mieux que les réprimandes. »

J'allai, en attendant le souper, chez Jenni ; je le trouvai, comme je pense que tout homme est après son premier crime, pâle, l'œil égaré, la voix rauque et entrecoupée, l'esprit agité, répondant de travers à tout ce qu'on lui disait. Enfin je lui appris ce que son père venait de faire. Il resta immobile, me regarda fixement, puis se détourna un moment pour verser quelques larmes. J'en augurai bien ; je conçus une grande espérance que Jenni pourrait être un jour très honnête homme. J'allais me jeter à son cou, lorsque Mme Clive-Hart entra avec un jeune étourdi de ses amis, nommé Birton.

« Eh bien ! dit la dame en riant, est-il vrai que tu as tué un homme aujourd'hui ? C'était apparemment quelque ennuyeux ; il est bon de délivrer le monde de ces gens-là. Quand il te prendra envie d'en tuer quelque autre, je te prie de donner la préférence à mon mari, car il m'ennuie furieusement. »

Je regardais cette femme des pieds jusqu'à la tête. Elle était belle ; mais elle me parut avoir quelque chose de sinistre dans la physionomie. Jenni n'osait répondre, et baissait les yeux, parce que j'étais là. « Qu'as-tu donc, mon ami? lui dit Birton, il semble que tu aies fait quelque mal ; je viens te remettre ton péché. Tiens, voici un petit livre que je viens d'acheter chez Lintot ; il prouve, comme deux et deux font quatre, qu'il n'y a ni Dieu, ni vice, ni vertu : cela est consolant. Buvons ensemble. »

A cet étrange discours, je me retirai au plus vite. Je fis sentir discrètement à M. Freind combien son fils avait besoin de sa présence et de ses conseils. « Je le conçois comme vous, dit ce bon père ; mais commençons par payer ses dettes. » Toutes furent acquittées dès le lendemain matin. Jenni vint se jeter à ses pieds. Croiriez-vous bien que le père ne lui fit aucun reproche ? Il l'abandonna à sa conscience et lui dit seulement : « Mon fils, souvenez-vous qu'il n'y a point de bonheur sans la vertu. »

Ensuite il maria Boca Vermeja avec le bachelier de Catalogne, pour qui elle avait un penchant secret, malgré les larmes qu'elle avait répandues pour Jenni : car tout cela s'accorde merveilleusement chez les femmes. On dit que c'est dans leurs cœurs que toutes les contradictions se rassemblent. C'est, sans doute, parce qu'elles ont été pétries originairement d'une de nos côtes.

Le généreux Freind paya la dot des deux mariés ; il plaça bien tous ses nouveaux convertis, par la protection de milord Peterborough : car ce n'est pas assez d'assurer le salut des gens ; il faut les faire vivre.

Ayant dépêché toutes ces bonnes actions avec ce sang-froid actif qui m'étonnait toujours, il conclut qu'il n'y avait d'autre parti à prendre pour remettre son fils dans le chemin des honnêtes gens que de le marier avec une personne bien née qui eût de la beauté, des mœurs, de l'esprit, et même un peu de richesses ; et que c'était le seul moyen de détacher Jenni de cette détestable Clive-Hart, et des gens perdus qu'il fréquentait.

J'avais entendu parler de Mlle Primerose, jeune héritière, élevée par milady Hervey, sa parente. Milord Peterborough m'introduisit chez milady Hervey. Je vis miss Primerose, et je jugeai qu'elle était bien capable de remplir toutes les vues de mon ami Freind. Jenni, dans sa vie débordée, avait un profond respect pour son père, et même de la tendresse. Il était touché principalement de ce que son père ne lui faisait aucun reproche de sa conduite passée. Ses dettes payées sans l'en avertir, des conseils sages donnés à propos et sans réprimandes, des marques d'amitié échappées de temps en temps sans aucune familiarité qui eût pu les avilir : tout cela pénétrait Jenni, né sensible et avec beaucoup d'esprit. J'avais toutes les raisons de croire que la fureur de ses désordres céderait aux charmes de Primerose et aux étonnantes vertus de mon ami.

Milord Peterborough lui-même présenta d'abord le père et ensuite Jenni chez milady Hervey. Je remarquai que l'extrême beauté de Jenni fit d'abord une impression profonde sur le cœur de Primerose : car je la vis baisser les yeux, les relever, et rougir. Jenni ne parut que poli, et Primerose avoua à milady Hervey qu'elle eût bien souhaité que cette politesse fût de l'amour.

Peu à peu notre beau jeune homme démêla tout le mérite de cette incomparable fille, quoiqu'il fût subjugué par l'infâme Clive-Hart. Il était comme cet Indien invité par un ange à cueillir un fruit céleste, et retenu par les griffes d'un dragon. Ici, le souvenir de ce que j'ai vu me suffoque. Mes pleurs mouillent mon papier. Quand j'aurai repris mes sens, je reprendrai le fil de mon histoire.

CHAPITRE VI

L'ON était prêt de conclure le mariage de la belle Primerose avec le beau Jenni. Notre ami Freind n'avait jamais goûté une joie plus pure ; je la partageais. Voici comme elle fut changée en un désastre que je puis à peine comprendre.

La Clive-Hart aimait Jenni en lui faisant continuellement des infidélités. C'est le sort, dit-on, de toutes les femmes qui, en méprisant trop la pudeur, ont renoncé à la probité. Elle trahissait surtout son cher Jenni pour son cher Birton et pour un autre débauché de la même trempe. Ils vivaient ensemble dans la crapule ; et, ce qui ne se voit peut-être que dans notre nation, c'est qu'ils avaient tous de l'esprit et de la valeur. Malheureusement ils n'avaient jamais plus d'esprit que contre Dieu. La maison de Mme Clive-Hart était le rendez-vous des athées. Encore s'ils avaient été des athées gens de bien, comme Épicure et Leontium, comme Lucrèce et Memmius, comme Spinosa, qu'on dit avoir été un des plus honnêtes hommes de la Hollande ; comme Hobbes, si fidèle à son infortuné monarque Charles Ier... Mais !...

Quoi qu'il en soit, Clive-Hart, jalouse avec fureur de la tendre et innocente Primerose, sans être fidèle à Jenni, ne put souffrir cet heureux mariage. Elle médite une vengeance dont je ne crois pas qu'il y ait d'exemple dans notre ville de Londres, où nos pères ont vu cependant tant de crimes de tant d'espèces.

Elle sut que Primerose devait passer devant sa porte en revenant de la Cité, où cette jeune personne était allée faire des emplettes avec sa femme de chambre. Elle prend ce temps pour faire travailler à un petit canal souterrain qui conduisait l'eau dans ses offices.

Le carrosse de Primerose fut obligé, en revenant, de s'arrêter vis-à-vis cet embarras. La Clive-Hart se présente à elle, la prie de descendre, de se reposer, d'accepter quelques rafraîchissements, en attendant que le chemin soit libre. La belle Primerose tremblait à cette proposition; mais Jenni était dans le vestibule. Un mouvement involontaire, plus fort que la réflexion, la fit descendre. Jenni courait au-devant d'elle, et lui donnait déjà la main. Elle entre; le mari de la Clive-Hart était un ivrogne imbécile, odieux à sa femme autant que soumis, à charge même par ses complaisances. Il présente d'abord en balbutiant des rafraîchissements à la demoiselle qui honore sa maison, il en boit après elle. La dame Clive-Hart les emporte sur-le-champ et en fait présenter d'autres. Pendant ce temps la rue est débarrassée. Primerose remonte en carrosse et rentre chez sa mère.

Au bout d'un quart d'heure elle se plaint d'un mal de cœur et d'un étourdissement. On croit que ce petit dérangement n'est que l'effet du mouvement du carrosse. Mais le mal augmente de moment en moment, et le lendemain elle était à la mort. Nous courûmes chez elle, M. Freind et moi. Nous trouvâmes cette charmante créature, pâle, livide, agitée de convulsions, les lèvres retirées, les yeux tantôt éteints, tantôt étincelants, et toujours fixes. Des taches noires défiguraient sa belle gorge et son beau visage. Sa mère était évanouie à côté de son lit. Le secourable Cheselden prodiguait en vain toutes les ressources de son art. Je ne vous peindrai point le désespoir de Freind, il était inexprimable. Je vole au logis de la Clive-Hart. J'apprends que son mari vient de mourir, et que la femme a déserté la maison. Je cherche Jenni; on ne le trouve pas. Une servante me dit que sa maîtresse s'est jetée aux pieds de Jenni et l'a conjuré de ne la pas abandonner dans son malheur; qu'elle est partie avec Jenni et Birton, et qu'on ne sait où elle est allée.

Écrasé de tant de coups si rapides et si multipliés, l'esprit bouleversé par des soupçons horribles que je chassais et qui revenaient, je me traîne dans la maison de la mourante. « Cependant, me disais-je à moi-même, si cette abominable femme s'est jetée aux genoux de Jenni, si elle l'a prié d'avoir pitié d'elle, il n'est donc point complice. Jenni est incapable d'un crime si lâche, si affreux, qu'il n'a eu nul intérêt, nul motif de commettre, qui le priverait d'une femme adorable et de sa fortune, qui le rendrait exécrable au genre humain : faible, il se sera laissé subjuguer par une malheureuse dont il n'aura pas connu les noirceurs. Il n'a point vu comme moi Primerose expirante ; il n'aurait pas quitté le chevet de son lit pour suivre l'empoisonneuse de sa femme. » Dévoré de ces pensées, j'entre en frissonnant chez celle que je craignais de ne plus trouver en vie : elle respirait ; le vieux Clive-Hart avait succombé en un moment, parce que son corps était usé par les débauches ; mais la jeune Primerose était soutenue par un tempérament aussi robuste que son âme était pure. Elle m'aperçut, et d'une voix tendre elle me demanda où était Jenni. A ce mot j'avoue qu'un torrent de larmes coula de mes yeux. Je ne pus lui répondre ; je ne pus parler au père. Il fallut la laisser enfin entre les mains fidèles qui la servaient.

Nous allâmes instruire milord de ce désastre. Vous connaissez son cœur : il est aussi tendre pour ses amis que terrible à ses ennemis. Jamais homme ne fut plus compatissant avec une physionomie plus dure. Il se donna autant de peine pour secourir la mourante, pour découvrir l'asile de Jenni et de sa scélérate, qu'il en avait pris pour donner l'Espagne à l'archiduc. Toutes nos recherches furent inutiles. Je crus que Freind en mourrait. Nous volions tantôt chez Primerose, dont l'agonie était longue, tantôt à Rochester, à Douvres, à Portsmouth ; on envoyait des courriers partout, on était partout, on errait à l'aventure, comme des chiens de chasse qui ont perdu la voie ; et cependant la mère infortunée de l'infortunée Primerose voyait d'heure en heure mourir sa fille.

Enfin, nous apprenons qu'une femme assez jeune et assez belle, accompagnée de trois jeunes gens et de quelques valets, s'est embarquée à Newport dans le comté de Pembroke, sur un petit vaisseau qui était à la rade, plein de contrebandiers, et que ce bâtiment est parti pour l'Amérique septentrionale.

Freind, à cette nouvelle, poussa un profond soupir ; puis, tout à coup se recueillant et me serrant la main : « Il faut, dit-il, que j'aille en Amérique. » Je lui répondis en l'admirant et en pleurant : « Je ne vous quitterai pas ; mais que pourrez-vous faire ? — Ramener mon fils unique, dit-il, à sa patrie et à la vertu, ou m'ensevelir auprès de lui. » Nous ne pouvions douter en effet, aux indices qu'on nous donna, que ce ne fût Jenni qui s'était embarqué avec cette horrible femme et Birton, et les garnements de son cortège.

Le bon père, ayant pris son parti, dit adieu à milord Peterborough, qui retourna bientôt en Catalogne ; et nous allâmes fréter à Bristol un vaisseau pour la rivière de Delaware et pour la baie de Maryland. Freind concluait que, ces parages étant au milieu des possessions anglaises, il fallait y diriger sa navigation, soit que son fils fût vers le sud, soit qu'il eût marché vers le septentrion. Il se munit d'argent, de lettres de change et de vivres, laissant à Londres un domestique affidé, chargé de lui donner des nouvelles par les vaisseaux qui allaient toutes les semaines dans le Maryland ou dans la Pensylvanie.

Nous partîmes ; les gens de l'équipage, en voyant la sérénité sur le visage de Freind, croyaient que nous faisions un voyage de plaisir. Mais, quand il n'avait que moi pour témoin, ses soupirs m'expliquaient assez sa douleur profonde. Je m'applaudissais quelquefois en secret de l'honneur de consoler une si belle âme. Un vent d'ouest nous retint longtemps à la hauteur des Sorlingues. Nous fûmes obligés de diriger notre route vers la nouvelle Angleterre. Que d'informations nous fîmes sur toute la côte ! que de temps et de soins perdus ! Enfin, un vent de nord-est s'étant levé, nous tournâmes vers Maryland. C'est là qu'on nous dépeignit Jenni, la Clive-Hart et leurs compagnons.

Ils avaient séjourné sur la côte pendant plus d'un mois, et avaient étonné toute la colonie par des débauches et des magnificences inconnues jusqu'alors dans cette partie du globe ; après quoi ils étaient disparus, et personne ne savait de leurs nouvelles.

Nous avançâmes dans la baie avec le dessein d'aller jusqu'à Baltimore prendre de nouvelles informations.

CHAPITRE VII

CE QUI ARRIVA EN AMÉRIQUE

Nous trouvâmes dans la route, sur la droite, une habitation très bien entendue. C'était une maison basse, commode et propre, entre une grange spacieuse et une vaste étable, le tout entouré d'un jardin où croissaient tous les fruits du pays. Cet enclos appartenait à un vieillard qui nous invita à descendre dans sa retraite. Il n'avait pas l'air d'un Anglais, et nous jugeâmes bientôt à son accent qu'il était étranger. Nous ancrâmes ; nous descendîmes ; ce bon homme nous reçut avec cordialité, et nous donna le meilleur repas qu'on puisse faire dans le nouveau monde.

Nous lui insinuâmes discrètement notre désir de savoir à qui nous avions l'obligation d'être si bien reçus. « Je suis, dit-il, un de ceux que vous appelez sauvages ; je naquis sur une des montagnes bleues qui bordent cette contrée, et que vous voyez à l'occident. Un gros vilain serpent à sonnettes m'avait mordu dans mon enfance sur une de ces montagnes ; j'étais abandonné ; j'allais mourir. Le père de milord Baltimore d'aujourd'hui me rencontra, me mit entre les mains de son médecin, et je lui dus la vie. Je lui rendis bientôt ce que je lui devais, car je lui sauvai la sienne dans un combat contre une horde voisine.

Il me donna pour récompense cette habitation, où je vis heureux. »

M. Freind lui demanda s'il était de la religion du lord Baltimore. « Moi, dit-il, je suis de la mienne ; pourquoi voudriez-vous que je fusse de la religion d'un autre homme ? » Cette réponse courte et énergique nous fit rentrer un peu en nous-mêmes. « Vous avez donc, lui dis-je, votre Dieu et votre loi ? — Oui, nous répondit-il avec une assurance qui n'avait rien de la fierté ; mon Dieu est là », et il montra le ciel ; « ma loi est là dedans », et il mit la main sur son cœur.

M. Freind fut saisi d'admiration, et, me serrant la main : « Cette pure nature, me dit-il, en sait plus que tous les bacheliers qui ont raisonné avec nous dans Barcelone. »

Il était pressé d'apprendre, s'il se pouvait, quelque nouvelle certaine de son fils Jenni. C'était un poids qui l'oppressait. Il demanda si on n'avait pas entendu parler de cette bande de jeunes gens qui avaient fait tant de fracas dans les environs. « Comment ! dit le vieillard, si on m'en a parlé ! Je les ai vus ; je les ai reçus chez moi, et ils ont été si contents de ma réception qu'ils sont partis avec une de mes filles. »

Jugez quel fut le frémissement et l'effroi de mon ami à ce discours. Il ne put s'empêcher de s'écrier dans son premier mouvement : « Quoi ! votre fille a été enlevée par mon fils ! — Bon Anglais, lui repartit le vieillard, ne te fâche point ; je suis très aise que celui qui est parti de chez moi avec ma fille soit ton fils, car il est beau, bien fait, et paraît courageux. Il ne m'a point enlevé ma chère Parouba : car il faut que tu saches que Parouba est son nom, parce que Parouba est le mien. S'il m'avait pris ma Parouba, ce serait un vol ; et mes cinq enfants mâles, qui sont à présent à la chasse dans le voisinage, à quarante ou cinquante milles d'ici, n'auraient pas souffert cet affront. C'est un grand péché de voler le bien d'autrui. Ma fille s'en est allée de son plein gré avec ces jeunes gens ; elle a voulu voir le pays : c'est une petite satisfaction qu'on ne doit pas refuser à une personne de son âge. Ces voyageurs me la rendront avant qu'il soit un mois ; j'en suis sûr, car ils me l'ont promis. » Ces paroles m'auraient fait rire si la douleur où je voyais mon ami plongé n'avait pas pénétré mon âme, qui en était tout occupée.

Le soir, tandis que nous étions prêts à partir et à profiter du vent, arrive un des fils de Parouba, tout essoufflé, la pâleur, l'horreur et le désespoir sur le visage. « Qu'as-tu donc, mon fils ? d'où viens-tu ? Je te croyais à la chasse ; que t'est-il arrivé ? Es-tu blessé par quelque bête sauvage ? — Non, mon père, je ne suis point blessé, mais je me meurs. — Mais d'où viens-tu, encore une fois, mon cher fils ? — De quarante milles d'ici sans m'arrêter ; mais je suis mort. »

Le père, tout tremblant, le fait reposer. On lui donne des restaurants ; nous nous empressons autour de lui, ses petits frères, ses petites sœurs,

M. Freind, et moi, et nos domestiques. Quand il eut repris ses sens, il se jeta au cou du bon vieillard Parouba. « Ah ! dit-il en sanglotant, ma sœur Parouba est prisonnière de guerre, et probablement va être mangée. »

Le bonhomme Parouba tomba par terre à ces paroles. M. Freind, qui était père aussi, sentit ses entrailles s'émouvoir. Enfin Parouba le fils nous apprit qu'une troupe de jeunes Anglais fort étourdis avaient attaqué par passe-temps des gens de la montagne bleue. « Ils avaient, dit-il, avec eux une très belle femme et sa suivante ; et je ne sais comment ma sœur se trouvait dans cette compagnie. La belle Anglaise a été tuée et mangée ; ma sœur a été prise, et sera mangée tout de même. Je viens ici chercher du secours contre les gens de la montagne bleue ; je veux les tuer, les manger à mon tour, reprendre ma chère sœur ou mourir. »

Ce fut alors à M. Freind de s'évanouir ; mais l'habitude de se commander à lui-même le soutint. « Dieu m'a donné un fils, me dit-il ; il reprendra le fils et le père quand le moment d'exécuter ses décrets éternels sera venu. Mon ami, je serais tenté de croire que Dieu agit quelquefois par une providence particulière, soumise à ses lois générales, puisqu'il punit en Amérique les crimes commis en Europe, et que la scélérate Clive-Hart est morte comme elle devait mourir. Peut-être le souverain fabricateur de tant de mondes aura-t-il arrangé les choses de façon que les grands forfaits commis dans un globe sont expiés quelquefois

dans ce globe même. Je n'ose le croire, mais je
le souhaite ; et je le croirais si cette idée. n'était
pas contre toutes les règles de la bonne métaphysique. »

Après des réflexions si tristes sur de si fatales
aventures, fort ordinaires en Amérique, Freind
prit son parti incontinent selon sa coutume. « J'ai
un bon vaisseau, dit-il à son hôte, il est bien
approvisionné ; remontons le golfe avec la marée
le plus près que nous pourrons des montagnes
bleues. Mon affaire la plus pressée est à présent
de sauver votre fille. Allons vers vos anciens
compatriotes ; vous leur direz que je viens leur
apporter le calumet de la paix, et que je suis le
petit-fils de Penn : ce nom seul suffira. »

A ce nom de Penn, si révéré dans toute l'Amérique boréale, le bon Parouba et son fils sentirent
les mouvements du plus profond respect et de la
plus chère espérance. Nous nous embarquons,
nous mettons à la voile, nous abordons en trente-
six heures auprès de Baltimore.

A peine étions-nous à la vue de cette petite
place, alors presque déserte, que nous découvrîmes
de loin une troupe nombreuse d'habitants des
montagnes bleues qui descendaient dans la plaine,
armés de casse-têtes, de haches, et de ces mous-
quets que les Européans leur ont si sottement
vendus pour avoir des pelleteries. On entendait
déjà leurs hurlements effroyables. D'un autre côté
s'avançaient quatre cavaliers, suivis de quelques
hommes de pied. Cette petite troupe nous prit

pour des gens de Baltimore qui venaient les combattre. Les cavaliers courent sur nous à bride abattue, le sabre à la main. Nos compagnons se préparaient à les recevoir. M. Freind, ayant regardé fixement les cavaliers, frissonna un moment ; mais, reprenant tout à coup son sang-froid ordinaire : « Ne bougez, mes amis, nous dit-il d'une voix attendrie ; laissez-moi agir seul. » Il s'avance en effet seul, sans armes, à pas lents, vers la troupe. Nous voyons en un moment le chef abandonner la bride de son cheval, se jeter à terre, et tomber prosterné. Nous poussons un cri d'étonnement ; nous approchons : c'était Jenni lui-même qui baignait de larmes les pieds de son père, qui l'embrassait de ses mains tremblantes. Ni l'un ni l'autre ne pouvait parler. Birton et les deux jeunes cavaliers qui l'accompagnaient descendirent de cheval. Mais Birton, conservant son caractère, lui dit : « Pardieu, mon cher Freind, je ne t'attendais pas ici. Toi et moi nous sommes faits pour les aventures ; pardieu ! je suis bien aise de te voir. »

Freind, sans daigner lui répondre, se retourna vers l'armée des montagnes bleues qui s'avançait. Il marcha à elle avec le seul Parouba, qui lui servait d'interprète. « Compatriotes, leur dit Parouba, voici le descendant de Penn qui vous apporte le calumet de la paix. »

A ces mots, le plus ancien du peuple répondit, en élevant les mains et les yeux au ciel : « Un fils de Penn ! que je baise ses pieds et ses mains, et ses parties sacrées de la génération. Qu'il puisse faire une longue race de Penn ! que les Penn vivent à jamais ! le grand Penn est notre Manitou, notre dieu. Ce fut presque le seul des gens d'Europe qui ne nous trompa point, qui ne s'empara point de nos terres par la force. Il acheta le pays que nous lui cédâmes ; il le paya libéralement ; il entretint chez nous la concorde ; il apporta des remèdes pour le peu de maladies que notre commerce avec les gens d'Europe nous communiquait ; il nous enseigna des arts que nous ignorions. Jamais nous ne fumâmes contre lui ni contre ses enfants le calumet de la guerre ; nous n'avons avec les Penn que le calumet de l'adoration. »

Ayant parlé ainsi au nom de son peuple, il courut en effet baiser les pieds et les mains de M. Freind ; mais il s'abstint de parvenir aux parties sacrées dès qu'on lui dit que ce n'était pas l'usage en Angleterre, et que chaque pays a ses cérémonies.

Freind fit apporter sur-le-champ une trentaine de jambons, autant de grands pâtés et de poulardes à la daube, deux cents gros flacons de vin de Pontac qu'on tira du vaisseau ; il plaça à côté de lui le commandant des montagnes bleues. Jenni et ses compagnons furent du festin ; mais Jenni aurait voulu être cent pieds sous terre. Son père ne lui disait mot ; et ce silence augmentait encore sa honte.

Birton, à qui tout était égal, montrait une gaieté évaporée. Freind, avant qu'on se mît à manger, dit au bon Parouba : « Il nous manque

ici une personne bien chère, c'est votre fille. » Le
commandant des montagnes bleues la fit venir sur-
le-champ ; on ne lui avait fait aucun outrage ;
elle embrassa son père et son frère, comme si elle
fût revenue de la promenade.

Je profitai de la liberté du repas pour demander
par quelle raison les guerriers des montagnes
bleues avaient tué et mangé Mme Clive-Hart, et
n'avaient rien fait à la fille de Parouba. « C'est
parce que nous sommes justes, répondit le commandant. Cette fière Anglaise était de la troupe
qui nous attaqua ; elle tua un des nôtres d'un coup
de pistolet par derrière. Nous n'avons rien fait
à la Parouba dès que nous avons su qu'elle était
la fille d'un de nos anciens camarades, et qu'elle
n'était venue ici que pour s'amuser ; il faut rendre
à chacun selon ses œuvres. »

Freind fut touché de cette maxime, mais il repré-
senta que la coutume de manger des femmes était
indigne de si braves gens, et qu'avec tant de vertu
on ne devait pas être anthropophage.

Le chef des montagnes nous demanda alors ce
que nous faisions de nos ennemis lorsque nous les
avions tués. « Nous les enterrons, lui répondis-je.
— J'entends, dit-il ; vous les faites manger par les
vers. Nous voulons avoir la préférence ; nos esto-
macs sont une sépulture plus honorable. »

Birton prit plaisir à soutenir l'opinion des montagnes bleues. Il dit que la coutume de mettre son
prochain au pot ou à la broche était la plus ancienne et la plus naturelle, puisqu'on l'avait trouvée

établie dans les deux hémisphères ; qu'il était
par conséquent démontré que c'était là une idée
innée ; qu'on avait été à la chasse aux hommes
avant d'aller à la chasse aux bêtes, par la raison
qu'il était bien plus aisé de tuer un homme que de
tuer un loup ; que si les Juifs, dans leurs livres
si longtemps ignorés, ont imaginé qu'un nommé
Caïn tua un nommé Abel, ce ne put être que pour
le manger ; que ces Juifs eux-mêmes avouent nette-
ment s'être nourris plusieurs fois de chair humaine ;
que, selon les meilleurs historiens, les Juifs dévo-
rèrent les chairs sanglantes des Romains assassinés
par eux en Égypte, en Chypre, en Asie, dans leurs
révoltes contre les empereurs Trajan et Adrien.

Nous lui laissâmes débiter ces dures plaisanteries, dont le fond pouvait malheureusement être
vrai, mais qui n'avaient rien de l'atticisme grec et
de l'urbanité romaine.

Le bon Freind, sans lui répondre, adressa la
parole aux gens du pays. Parouba l'interprétait
phrase à phrase. Jamais le grave Tillotson ne parla
avec tant d'énergie ; jamais l'insinuant Smalridge
n'eut des grâces si touchantes. Le grand secret est
de démontrer avec éloquence. Il leur démontra
donc que ces festins où l'on se nourrit de la chair
de ses semblables sont des repas de vautours, et
non pas d'hommes ; que cette exécrable coutume
inspire une férocité destructive du genre humain ;
que c'était la raison pour laquelle ils ne connais-
saient ni les consolations de la société, ni la culture de la terre ; enfin ils jurèrent par leur grand

Manitou qu'ils ne mangeraient plus ni hommes ni femmes.

Freind, dans une seule conversation, fut leur législateur ; c'était Orphée qui apprivoisait les tigres. Les jésuites ont beau s'attribuer des miracles dans leurs *Lettres curieuses et édifiantes*, qui sont rarement l'un et l'autre ; ils n'égaleront jamais notre ami Freind.

Après avoir comblé de présents les seigneurs des montagnes bleues, il ramena dans son vaisseau le bonhomme Parouba vers sa demeure. Le jeune Parouba fut du voyage avec sa sœur ; les autres frères avaient poursuivi leur chasse du côté de la Caroline. Jenni, Birton, et leurs camarades, s'embarquèrent dans le vaisseau ; le sage Freind persistait toujours dans sa méthode de ne faire aucun reproche à son fils quand ce garnement avait fait quelque mauvaise action ; il le laissait s'examiner lui-même et dévorer son cœur, comme dit Pythagore. Cependant il reprit trois fois la lettre qu'on lui avait apportée d'Angleterre ; et, en la relisant, il regardait son fils, qui baissait toujours les yeux ; et on lisait sur le visage de ce jeune homme le respect et le repentir.

Pour Birton, il était aussi gai et aussi désinvolte que s'il était revenu de la comédie : c'était un caractère à peu près dans le goût du feu comte de Rochester, extrême dans la débauche, dans la bravoure, dans ses idées, dans ses expressions, dans sa philosophie épicurienne, n'étant attaché à rien, sinon aux choses extraordinaires, dont il se dégoûtait bien vite; ayant cette sorte d'esprit qui tient les vraisemblances pour des démonstrations; plus savant, plus éloquent qu'aucun jeune homme de son âge, mais ne s'étant jamais donné la peine de rien approfondir.

Il échappa à M. Freind, en dînant avec nous dans le vaisseau, de me dire : « En vérité, mon ami, j'espère que Dieu inspirera des mœurs plus honnêtes à ces jeunes gens, et que l'exemple terrible de la Clive-Hart les corrigera. »

Birton, ayant entendu ces paroles, lui dit d'un ton un peu dédaigneux : « J'étais depuis longtemps très mécontent de cette méchante Clive-Hart : je ne me soucie pas plus d'elle que d'une poularde grasse qu'on aurait mise à la broche : mais, en bonne foi, pensez-vous qu'il existe, je ne sais où, un être continuellement occupé à faire punir toutes les méchantes femmes et tous les hommes pervers qui peuplent et dépeuplent les quatre parties de notre petit monde? Oubliez-vous que notre détestable Marie, fille de Henri VIII, fut heureuse jusqu'à sa mort? et cependant elle avait fait périr dans les flammes plus de huit cents citoyens et citoyennes, sur le seul prétexte qu'ils ne croyaient ni à la transsubstantiation ni au pape. Son père, presque aussi barbare qu'elle, et son mari, plus profondément méchant, vécurent dans les plaisirs. Le pape Alexandre VI, plus criminel qu'eux tous, fut aussi le plus fortuné : tous ses crimes lui réussirent, et il mourut à soixante et douze ans, puissant, riche, courtisé de tous les rois. Où donc est le Dieu juste et vengeur ? Non, pardieu ! il n'y a point de Dieu. »

M. Freind, d'un air austère, mais tranquille, lui dit : « Monsieur, vous ne devriez pas, ce me semble, jurer par Dieu même que ce Dieu n'existe pas. Songez que Newton et Locke n'ont prononcé jamais ce nom sacré sans un air de recueillement et d'adoration secrète qui a été remarqué de tout le monde.

— *Pox* ! repartit Birton ; je me soucie bien de la mine que deux hommes ont faite. Quelle mine avait donc Newton quand il commentait l'*Apocalypse* ? et quelle grimace faisait Locke lorsqu'il racontait la longue conversation d'un perroquet avec le prince Maurice ? » Alors Freind prononça ces belles paroles d'or qui se gravèrent dans mon cœur : « Oublions les rêves des grands hommes, et souvenons-nous des vérités qu'ils nous ont enseignées. » Cette réponse engagea une dispute réglée, plus intéressante que la conversation avec le bachelier de Salamanque ; je me mis dans un coin, j'écrivis en notes tout ce qui fut dit : on se rangea autour des deux combattants ; le bonhomme Parouba, son fils, et surtout sa fille, les compagnons de débauche de Jenni, écoutaient, le cou tendu, les yeux fixés ; et Jenni, la tête baissée, les deux coudes sur ses genoux, les mains sur ses yeux, semblait plongé dans la plus profonde méditation.

Voici mot à mot la dispute.

CHAPITRE VIII

FREIND

JE ne vous répéterai pas, Monsieur, les arguments métaphysiques de notre célèbre Clarke. Je vous exhorte seulement à les relire ; ils sont plus faits pour vous éclairer que pour vous toucher : je ne veux vous apporter que des raisons qui peut-être parleront plus à votre cœur.

BIRTON

Vous me ferez plaisir ; je veux qu'on m'amuse et qu'on m'intéresse ; je hais les sophismes : les disputes métaphysiques ressemblent à des ballons remplis de vent que les combattants se renvoient. Les vessies crèvent, l'air en sort, il ne reste rien.

FREIND

Peut-être, dans les profondeurs du respectable arien Clarke, y a-t-il quelques obscurités, quelques vessies ; peut-être s'est-il trompé sur la réalité de l'infini actuel et de l'espace, etc. ; peut-être, en se faisant commentateur de Dieu, a-t-il imité quelquefois les commentateurs d'Homère, qui lui supposent des idées auxquelles Homère ne pensa jamais.

(A ces mots d'infini, d'espace, d'Homère, de

commentateurs, le bonhomme Parouba et sa fille, et quelques Anglais même, voulurent aller prendre l'air sur le tillac ; mais, Freind ayant promis d'être intelligible, ils demeurèrent ; et moi, j'expliquai tout bas à Parouba quelques mots un peu scientifiques, que des gens nés sur les montagnes bleues ne pouvaient entendre aussi commodément que des docteurs d'Oxford et de Cambridge. L'ami Freind continua donc ainsi :)

Il serait triste que, pour être sûr de l'existence de Dieu, il fût nécessaire d'être un profond métaphysicien : il n'y aurait tout au plus en Angleterre qu'une centaine d'esprits bien versés ou renversés dans cette science ardue du pour et du contre qui fussent capables de sonder cet abîme, et le reste de la terre entière croupirait dans une ignorance invincible, abandonné en proie à ses passions brutales, gouverné par le seul instinct, et ne raisonnant passablement que sur les grossières notions de ses intérêts charnels. Pour savoir s'il est un Dieu, je ne vous demande qu'une chose, c'est d'ouvrir les yeux.

BIRTON

Ah ! je vous vois venir : vous recourez à ce vieil argument tant rebattu que le soleil tourne sur son axe en vingt-cinq jours et demi, en dépit de l'absurde Inquisition de Rome ; que la lumière nous arrive réfléchie de Saturne en quatorze minutes, malgré les suppositions absurdes de Descartes ; que chaque étoile fixe est un soleil comme le nôtre,

environné de planètes ; que tous ces astres innombrables, placés dans les profondeurs de l'espace,
obéissent aux lois mathématiques découvertes et
démontrées par le grand Newton ; qu'un catéchiste
annonce Dieu aux enfants, et que Newton le
prouve aux sages, comme le dit un philosophe
frenchman, persécuté dans son drôle de pays pour
l'avoir dit.

Ne vous tourmentez pas à m'étaler cet ordre
constant qui règne dans toutes les parties de l'univers : il faut bien que tout ce qui existe soit dans un
ordre quelconque ; il faut bien que la matière plus
rare s'élève sur la plus massive, que le plus fort
en tout sens presse le plus faible, que ce qui est
poussé avec plus de mouvement coure plus vite
que son égal ; tout s'arrange ainsi de soi-même.
Vous auriez beau, après avoir bu une pinte de
vin comme Esdras, me parler comme lui neuf cent
soixante heures de suite sans fermer la bouche, je
ne vous en croirai pas davantage. Voudriez-vous
que j'adoptasse un Être éternel, infini et immuable,
qui s'est plu, dans je ne sais quel temps, à créer
de rien des choses qui changent à tout moment, et
à faire des araignées pour éventrer des mouches ?
Voudriez-vous que je disse, avec ce bavard imper-
tinent de Nieuwentyt, que *Dieu nous a donné des
oreilles pour avoir la foi, parce que la foi vient par
oui-dire*? Non, non, je ne croirai point à des charlatans qui ont vendu cher leurs drogues à des imbéciles ; je m'en tiens au petit livre d'un *frenchman*
qui dit que rien n'existe et ne peut exister, sinon

la nature; que la nature fait tout, que la nature est tout, qu'il est impossible et contradictoire qu'il existe quelque chose au delà du tout; en un mot, je ne crois qu'à la nature.

FREIND

Et si je vous disais qu'il n'y a point de nature, et que dans nous, autour de nous, et à cent mille millions de lieues, tout est art sans aucune exception !

BIRTON

Comment! tout est art! en voici bien d'une autre!

FREIND

Presque personne n'y prend garde; cependant rien n'est plus vrai. Je vous dirai toujours : « Servez-vous de vos yeux, et vous reconnaîtrez, vous adorerez un Dieu. Songez comment ces globes immenses, que vous voyez rouler dans leur immense carrière, observent les lois d'une profonde mathématique : il y a donc un grand mathématicien que Platon appelait l'éternel géomètre. Vous admirez ces machines d'une nouvelle invention, qu'on appelle *orrery*, parce que milord *Orrery* les a mises à la mode en protégeant l'ouvrier par ses libéralités; c'est une très faible copie de notre monde planétaire et de ses révolutions, la période même du changement des solstices et des équinoxes, qui nous amène de jour en jour une nouvelle étoile polaire.

Cette période, cette course si lente d'environ vingt-six mille ans, n'a pu être exécutée par des mains humaines dans nos *orrery*. Cette machine est très imparfaite : il faut la faire tourner avec une manivelle ; cependant c'est un chef-d'œuvre de l'habileté de nos artisans. Jugez donc quelle est la puissance, quel est le génie de l'éternel architecte, si l'on peut se servir de ces termes impropres si mal assortis à l'Être suprême.

(Je donnai une légère idée d'un *orrery* à Parouba. Il dit : « S'il y a du génie dans cette copie, il faut bien qu'il y en ait dans l'original ; je voudrais voir un *orrery* ; mais le ciel est plus beau. » Tous les assistants, Anglais et Américains, entendant ces mots, furent également frappés de la vérité, et levèrent les mains au ciel. Birton demeura tout pensif, puis il s'écria : « Quoi ! tout serait art, et la nature ne serait que l'ouvrage d'un suprême artisan ! serait-il possible ? » Le sage Freind continua ainsi :)

Portez à présent vos yeux sur vous-même ; examinez avec quel art étonnant, et jamais assez connu, tout y est construit en dedans et en dehors pour tous vos usages et pour tous vos désirs ; je ne prétends pas faire ici une leçon d'anatomie, vous savez assez qu'il n'y a pas un viscère qui ne soit nécessaire, et qui ne soit secouru dans ses dangers par le jeu continuel des viscères voisins. Les secours dans le corps sont si artificieusement préparés de tous côtés qu'il n'y a pas une seule veine qui n'ait ses valvules et ses écluses, pour ouvrir au sang des passages. Depuis la racine des cheveux jusqu'aux orteils des pieds, tout est art, tout est préparation, moyen et fin. Et, en vérité, on ne peut que se sentir de l'indignation contre ceux qui osent nier les véritables causes finales, et qui ont assez de mauvaise foi ou de fureur pour dire que la bouche n'est pas faite pour parler et pour manger; que ni les yeux ne sont merveilleusement disposés pour voir, ni les oreilles pour entendre, ni les parties de la génération pour engendrer : cette audace est si folle que j'ai peine à la comprendre.

Avouons que chaque animal rend le témoignage au suprême fabricateur.

La plus petite herbe suffit pour confondre l'intelligence humaine, et cela est si vrai qu'il est impossible aux efforts de tous les hommes réunis de produire un brin de paille si le germe n'est pas dans la terre; et il ne faut pas dire que les germes pourrissent pour produire, car ces bêtises ne se disent plus.

(L'assemblée sentit la vérité de ces preuves plus vivement que tout le reste, parce qu'elles étaient plus palpables. Birton disait entre ses dents : « Faudra-t-il se soumettre à reconnaître un Dieu ? Nous verrons cela, pardieu ! c'est une affaire à examiner. » Jenni rêvait toujours profondément, et était touché, et notre Freind acheva sa phrase :)

Non, mes amis, nous ne faisons rien, nous ne pouvons rien faire; il nous est donné d'arranger, d'unir, de désunir, de nombrer, de peser, de mesurer ; mais faire ! quel mot ! Il n'y a que l'Être nécessaire, l'Être existant éternellement par lui-même, qui fasse : voilà pourquoi les charlatans qui travaillent à la pierre philosophale sont de si grands imbéciles, ou de si grands fripons. Ils se vantent de créer de l'or, et ils ne pourraient pas créer de la crotte.

Avouons donc, mes amis, qu'il est un Être suprême, nécessaire, incompréhensible, qui nous a faits.

BIRTON

Et où est-il, cet Être ? S'il y en a un, pourquoi se cache-t-il ? Quelqu'un l'a-t-il jamais vu ? Doit-on se cacher quand on a fait du bien ?

FREIND

Avez-vous jamais vu Christophe Wren, qui a bâti Saint-Paul de Londres ? Cependant il est démontré que cet édifice est l'ouvrage d'un architecte très habile.

BIRTON

Tout le monde conçoit aisément que Wren a bâti avec beaucoup d'argent ce vaste édifice, où Burgess nous endort quand il prêche. Nous savons bien pourquoi et comment nos pères ont élevé ce bâtiment ; mais pourquoi et comment un Dieu aurait-il créé de rien cet univers ? Vous savez l'ancienne maxime de toute l'antiquité : *Rien ne peut rien créer, rien ne retourne à rien.* C'est une vérité dont personne n'a jamais douté. Votre Bible même dit expressément que votre Dieu fit le ciel et la terre, quoique le ciel, c'est-à-dire l'assemblage de tous les astres, soit beaucoup plus supérieur à la terre que cette terre ne l'est au plus petit des grains de sable; mais votre Bible n'a jamais dit que Dieu fit le ciel et la terre avec rien du tout : elle ne prétend point que le Seigneur ait fait la femme de rien. Il la pétrit fort singulièrement d'une côte qu'il arracha à son mari. Le chaos existait, selon la Bible même, avant la terre : donc la matière était aussi éternelle que votre Dieu.

(Il s'éleva alors un petit murmure dans l'assemblée; on disait : « Birton pourrait bien avoir raison »; mais Freind répondit :)

FREIND

Je vous ai, je pense, prouvé qu'il existe une intelligence suprême, une puissance éternelle à qui nous devons une vie passagère : je ne vous ai point promis de vous expliquer le pourquoi et le comment. Dieu m'a donné assez de raison pour comprendre qu'il existe, mais non assez pour savoir au juste si la matière lui a été éternellement soumise, ou s'il l'a fait naître dans le temps. Que vous importe l'éternité ou la création de la matière, pourvu que vous reconnaissiez un Dieu, un maître de la matière et de vous? Vous me demandez où Dieu est : je n'en sais rien; et je ne dois pas le savoir. Je sais qu'il est; je sais qu'il est notre maître, qu'il fait tout, que nous devons tout attendre de sa bonté.

BIRTON

De sa bonté! vous vous moquez de moi. Vous m'avez dit : « Servez-vous de vos yeux »; et moi je vous dis : « Servez-vous des vôtres. Jetez seulement un coup d'œil sur la terre entière, et jugez si votre Dieu serait bon. »

(M. Freind sentit bien que c'était là le fort de la dispute, et que Birton lui préparait un rude assaut; il s'aperçut que les auditeurs, et surtout les Américains, avaient besoin de prendre haleine pour écouter, et lui pour parler. Il se recommanda à Dieu; on alla se promener sur le tillac; on prit ensuite du thé dans le yacht, et la dispute réglée recommença.)

CHAPITRE IX

SUR L'ATHÉISME

BIRTON

PARDIEU! Monsieur, vous n'aurez pas si beau jeu sur l'article de la bonté que vous l'avez eu sur la puissance et sur l'industrie; je vous parlerai d'abord des énormes défauts de ce globe, qui sont précisément l'opposé de cette industrie tant vantée; ensuite je mettrai sous vos yeux les crimes et les malheurs perpétuels des habitants, et vous jugerez de l'affection paternelle que, selon vous, le Maître a pour eux.

Je commence par vous dire que les gens de Glocestershire, mon pays, quand ils ont fait naître des chevaux dans leurs haras, les élèvent dans de beaux pâturages, leur donnent ensuite une bonne écurie, et de l'avoine et de la paille à foison; mais, s'il vous plaît, quelle nourriture et quel abri avaient tous ces pauvres Américains du Nord quand nous les avons découverts après tant de siècles? Il fallait qu'ils courussent trente et quarante milles pour avoir de quoi manger. Toute la côte boréale de notre ancien monde languit à peu près sous la même nécessité; et, depuis la Laponie suédoise jusqu'aux mers septentrionales du Japon, cent peuples traînent leur vie, aussi courte qu'insupportable, dans une disette affreuse, au milieu de leurs neiges éternelles.

Les plus beaux climats sont exposés sans cesse à des fléaux destructeurs. Nous y marchons sur des précipices enflammés, recouverts de terrains fertiles qui sont des pièges de mort. Il n'y a point d'autres enfers sans doute, et ces enfers se sont ouverts mille fois sous nos pas.

On nous parle d'un déluge universel, physiquement impossible, et dont tous les gens sensés rient; mais du moins on nous console en nous disant qu'il n'a duré que dix mois : il devait éteindre ces feux qui depuis ont détruit tant de villes florissantes. Votre saint Augustin nous apprend qu'il y eut cent villes entières d'embrasées et d'abîmées en Libye-par un seul tremblement de terre; ces volcans ont bouleversé toute la belle Italie. Pour comble de maux, les tristes habitants de la zone glaciale ne sont pas exempts de ces gouffres souterrains; les Islandais, toujours menacés, voient la faim devant eux, cent pieds de glace et cent pieds de flamme à droite et à gauche sur leur mont Hécla : car tous les grands volcans sont placés sur ces montagnes hideuses.

On a beau nous dire que ces montagnes de deux mille toises de hauteur ne sont rien par rapport à la terre, qui a trois mille lieues de diamètre; que c'est un grain de la peau d'une orange sur la rondeur de ce fruit, que ce n'est pas un pied sur trois mille. Hélas ! qui sommes-nous donc, si les hautes montagnes ne sont sur la terre que la figure d'un pied sur trois mille pieds, et de quatre pouces sur neuf mille pieds? Nous sommes donc des animaux absolument imperceptibles; et cependant nous sommes écrasés par tout ce qui nous environne, quoique notre infinie petitesse, si voisine du néant, semblât devoir nous mettre à l'abri de tous les accidents. Après cette innombrable quantité de villes détruites, rebâties, et détruites encore comme des fourmilières, que dirons-nous de ces mers de sable qui traversent le milieu de l'Afrique, et dont les vagues brûlantes, amoncelées par les vents, ont englouti des armées entières? A quoi servent ces vastes déserts à côté de la belle Syrie? déserts si affreux, si inhabitables, que ces animaux féroces appelés *Juifs* se crurent dans le paradis terrestre quand ils passèrent de ces lieux d'horreur dans un coin de terre dont on pouvait cultiver quelques arpents.

Ce n'est pas encore assez que l'homme, cette noble créature, ait été si mal logé, si mal vêtu, si mal nourri pendant tant de siècles. Il naît entre de l'urine et de la matière fécale pour respirer deux jours; et, pendant ces deux jours, composés d'espérances trompeuses et de chagrins réels, son corps, formé avec un art inutile, est en proie à tous les maux qui résultent de cet art même : il vit entre la peste et la vérole; la source de son être est empoisonnée; il n'y a personne qui puisse mettre dans sa mémoire la liste de toutes les maladies qui nous poursuivent; et le médecin des urines en Suisse prétend les guérir toutes!

(Pendant que Birton parlait ainsi, la compagnie

était tout attentive et tout émue ; le bon homme Parouba disait : « Voyons comme notre docteur se tirera de là. » Jenni même laissa échapper ces paroles à voix basse : « Ma foi, il a raison ; j'étais bien sot de m'être laissé toucher des discours de mon père. » M. Freind laissa passer cette première bordée, qui frappait toutes les imaginations, puis il dit :)

FREIND

Un jeune théologien répondrait par des sophismes à ce torrent de tristes vérités, et vous citerait saint Basile et saint Cyrille, qui n'ont que faire ici ; pour moi, Messieurs, je vous avouerai sans détour qu'il y a beaucoup de mal physique sur la terre ; je n'en diminue pas l'existence ; mais M. Birton l'a trop exagérée. Je m'en rapporte à vous, mon cher Parouba, votre climat est fait pour vous, et il n'est pas si mauvais, puisque ni vous ni vos compatriotes n'avez jamais voulu le quitter. Les Esquimaux, les Islandais, les Lapons, les Ostiaks, les Samoyèdes, n'ont jamais voulu sortir du leur. Les rangifères, ou rennes, que Dieu leur a donnés pour les nourrir, les vêtir et les traîner, meurent quand on les transporte dans une autre zone. Les Lapons même aussi meurent dans les climats un peu méridionaux : le climat de la Sibérie est trop chaud pour eux ; ils se trouveraient brûlés dans le parage où nous sommes.

Il est clair que Dieu a fait chaque espèce d'animaux et de végétaux pour la place dans laquelle ils se perpétuent. Les nègres, cette espèce d'hommes si différente de la nôtre, sont tellement nés pour leur patrie que des milliers de ces animaux noirs se sont donné la mort quand notre barbare avarice les a transportés ailleurs. Le chameau et l'autruche vivent commodément dans les sables de l'Afrique; le taureau et ses compagnes bondissent dans les pays gras où l'herbe se renouvelle continuellement pour leur nourriture; la cannelle et le girofle ne croissent qu'aux Indes; le froment n'est bon que dans le peu de pays où Dieu le fait croître. On a d'autres nourritures dans toute votre Amérique, depuis la Californie jusqu'au détroit de Lemaire : nous ne pouvons cultiver la vigne dans notre fertile Angleterre, non plus qu'en Suède et en Canada. Voilà pourquoi ceux qui fondent dans quelques pays l'essence de leurs rites religieux sur du pain et sur du vin n'ont consulté que leur climat; ils font très bien, eux, de remercier Dieu de l'aliment et de la boisson qu'ils tiennent de sa bonté; et vous ferez très bien, vous Américains, de lui rendre grâce de votre maïs, de votre manioc et de votre cassave. Dieu, dans toute la terre, a proportionné les organes et les facultés des animaux, depuis l'homme jusqu'au limaçon, aux lieux où il leur a donné la vie : n'accusons donc pas toujours la Providence, quand nous lui devons souvent des actions de grâces.

Venons aux fléaux, aux inondations, aux volcans, aux tremblements de terre. Si vous ne considérez que ces calamités, si vous ne ramassez qu'un assemblage affreux de tous les accidents qui ont attaqué quelques roues de la machine de cet univers, Dieu est un tyran à vos yeux; si vous faites attention à ses innombrables bienfaits, Dieu est un père. Vous me citez saint Augustin le rhéteur, qui, dans son livre des miracles, parle de cent villes englouties à la fois en Libye; mais songez que cet Africain, qui passa sa vie à se contredire, prodiguait dans ses écrits la figure de l'exagération : il traitait les tremblements de terre comme la grâce efficace et la damnation éternelle de tous les petits enfants morts sans baptême. N'a-t-il pas dit, dans son trente-septième sermon, avoir vu en Éthiopie des races d'hommes pourvues d'un grand œil au milieu du front, comme les cyclopes, et des peuples entiers sans tête?

Nous qui ne sommes pas Pères de l'Église, nous ne devons aller ni au delà ni en deçà de la vérité : cette vérité est que, sur cent mille habitations, on en peut compter tout au plus une détruite chaque siècle par les feux nécessaires à la formation de ce globe.

Le feu est tellement nécessaire à l'univers entier que, sans lui, il n'y aurait sur la terre ni animaux, ni végétaux, ni minéraux : il n'y aurait ni soleil ni étoiles dans l'espace. Ce feu, répandu sous la première écorce de la terre, obéit aux lois générales établies par Dieu même; il est impossible qu'il n'en résulte quelques désastres particuliers : or on ne peut pas dire qu'un artisan soit un mauvais ouvrier quand une machine immense, formée par lui seul, subsiste depuis tant de siècles sans se déranger. Si un homme avait inventé une machine hydraulique qui arrosât toute une province et la rendît fertile, lui reprocheriez-vous que l'eau qu'il vous donnerait noyât quelques insectes ?

Je vous ai prouvé que la machine du monde est l'ouvrage d'un être souverainement intelligent et puissant : vous, qui êtes intelligents, vous devez l'admirer ; vous, qui êtes comblés de ses bienfaits, vous devez l'aimer.

Mais les malheureux, dites-vous, condamnés à souffrir toute leur vie, accablés de maladies incurables, peuvent-ils l'admirer et l'aimer ? Je vous dirai, mes amis, que ces maladies si cruelles viennent presque toutes de notre faute, ou de celles de nos pères, qui ont abusé de leurs corps, et non de la faute du grand fabricateur. On ne connaissait guère de maladies que celle de la décrépitude dans toute l'Amérique septentrionale, avant que nous vous y eussions apporté cette eau de mort que nous appelons *eau-de-vie*, et qui donne mille maux divers à quiconque en a trop bu. La contagion secrète des Caraïbes, que vous autres jeunes gens vous appelez *pox*, n'était qu'une indisposition légère dont nous ignorons la source, et qu'on guérissait en deux jours, soit avec du gaïac, soit avec du bouillon de tortue ; l'incontinence des Européens transplanta dans le reste du monde cette incommodité, qui prit parmi nous un caractère si funeste, et qui est devenue un fléau si abominable. Nous lisons que le pape Jules II, le pape Léon X, un archevêque de Mayence nommé Henneberg, le roi de France François Iᵉʳ, en moururent.

La petite vérole, née dans l'Arabie Heureuse, n'était qu'une faible éruption, une ébullition passagère sans danger, une simple dépuration du sang : elle est devenue mortelle en Angleterre, comme dans tant d'autres climats ; notre avarice l'a portée dans ce nouveau monde ; elle l'a dépeuplé.

Souvenons-nous que dans le poème de Milton ce benêt d'Adam demande à l'ange Gabriel s'il vivra longtemps. « Oui, lui répond l'ange, si tu « observes la grande règle : *Rien de trop*. » Observez tous cette règle, mes amis ; oseriez-vous exiger que Dieu vous fît vivre sans douleur des siècles entiers pour prix de votre gourmandise, de votre ivrognerie, de votre incontinence, de votre abandonnement à d'infâmes passions qui corrompent le sang, et qui abrègent nécessairement la vie ?

(J'approuvai cette réponse, Parouba en fut assez content ; mais Birton ne fut pas ébranlé, et je remarquai dans les yeux de Jenni qu'il était encore très indécis. Birton expliqua en ces termes :)

BIRTON

Puisque vous vous êtes servi de lieux communs mêlés avec quelques réflexions nouvelles, j'emploierai aussi un lieu commun auquel on n'a jamais pu répondre que par des fables et du verbiage. S'il existait un Dieu si puissant, si bon, il n'aurait pas mis le mal sur la terre ; il n'aurait pas dévoué ses créatures à la douleur et au crime. S'il n'a pu empêcher le mal, il est impuissant; s'il l'a pu et ne l'a pas voulu, il est barbare.

Nous n'avons des annales que d'environ huit mille années, conservées chez les brahmanes; nous n'en avons que d'environ cinq mille ans chez les Chinois; nous ne connaissons rien que d'hier; mais dans cet hier tout est horreur. On s'est égorgé d'un bout de la terre à l'autre, et on a été assez imbécile pour donner le nom de grands hommes, de héros, de demi-dieux, de dieux même, à ceux qui ont fait assassiner le plus grand nombre des hommes leurs semblables.

Il restait dans l'Amérique deux grandes nations civilisées qui commençaient à jouir des douceurs de la paix : les Espagnols arrivent, et en massacrent douze millions; ils vont à la chasse aux hommes avec des chiens; et Ferdinand, roi de Castille, assigne une pension à ces chiens pour l'avoir si bien servi. Les héros vainqueurs du nouveau monde, qui massacrent tant d'innocents désarmés et nus, font servir sur leur table des gigots d'hommes et de femmes, des fesses, des avant-bras, des mollets en ragoût. Ils font rôtir sur des brasiers le roi Guatimozin au Mexique; ils courent au Pérou convertir le roi Atabalipa. Un nommé Almagro, prêtre, fils de prêtre, condamné à être pendu en Espagne pour avoir été voleur de grand chemin, vient, avec un nommé Pizarro, signifier au roi, par la voix d'un autre prêtre, qu'un troisième prêtre, nommé

Alexandre VI, souillé d'incestes, d'assassinats et d'homicides, a donné, de son plein gré, *proprio motu*, et de sa pleine puissance, non seulement le Pérou, mais la moitié du nouveau monde au roi d'Espagne ; qu'Atabalipa doit sur-le-champ se soumettre, sous peine d'encourir l'indignation des apôtres saint Pierre et saint Paul. Et, comme ce roi n'entendait pas la langue latine plus que le prêtre qui lisait la bulle, il fut déclaré sur-le-champ incrédule et hérétique : on fit brûler Atabalipa comme on avait brûlé Guatimozin ; on massacra sa nation, et tout cela pour ravir de la boue jaune endurcie, qui n'a servi qu'à dépeupler l'Espagne et à l'appauvrir : car elle lui a fait négliger la véritable boue, qui nourrit les hommes quand elle est cultivée.

Çà, mon cher Monsieur Freind, si l'être fantastique et ridicule qu'on appelle le diable avait voulu faire des hommes à son image, les aurait-il formés autrement ? Cessez donc d'attribuer à un Dieu un ouvrage si abominable.

(Cette tirade fit revenir toute l'assemblée au sentiment de Birton. Je voyais Jenni en triompher en secret ; il n'y eut pas jusqu'à la jeune Parouba qui ne fût saisie d'horreur contre le prêtre Almagro, contre le prêtre qui avait lu la bulle en latin, contre le prêtre Alexandre VI, contre tous les chrétiens qui avaient commis tant de crimes inconcevables par dévotion, et pour voler de l'or. J'avoue que je tremblai pour l'ami Freind ; je désespérais de sa cause ; voici pourtant comme il répondit sans s'étonner :)

FREIND

Mes amis, souvenez-vous toujours qu'il existe un Être suprême ; je vous l'ai prouvé, vous en êtes convenus, et, après avoir été forcés d'avouer qu'il est, vous vous efforcez de lui chercher des imperfections,. des vices, des méchancetés.

Je suis bien loin de vous dire, comme certains raisonneurs, que les maux particuliers forment le bien général. Cette extravagance est trop ridicule. Je conviens avec douleur qu'il y a beaucoup de mal moral et de mal physique ; mais, puisque l'existence de Dieu est certaine, il est aussi très certain que tous ces maux ne peuvent empêcher que Dieu existe. Il ne peut être méchant, car quel intérêt aurait-il à l'être ? Il y a des maux horribles, mes amis : eh bien ! n'en augmentons pas le nombre. Il est impossible qu'un Dieu ne soit pas bon ; mais les hommes sont pervers ; ils font un détestable usage de la liberté que ce grand Être leur a donnée et dû leur donner, c'est-à-dire de la puissance d'exécuter leurs volontés, sans quoi ils ne seraient que de pures machines formées par un être méchant pour être brisées par lui.

Tous les Espagnols éclairés conviennent qu'un petit nombre de leurs ancêtres abusa de cette liberté jusqu'à commettre des crimes qui font frémir la nature. Don Carlos, second du nom (de qui monsieur l'archiduc puisse être le successeur !), a réparé autant qu'il a pu les atrocités auxquelles

les Espagnols s'abandonnèrent sous Ferdinand et sous Charles-Quint.

Mes amis, si le crime est sur la terre, la vertu y est aussi.

BIRTON

Ah ! ah ! ah ! la vertu ! voilà une plaisante idée : pardieu ! je voudrais bien savoir comment la vertu est faite, et où l'on peut la trouver.

(A ces paroles je ne me contins pas ; j'interrompis Birton à mon tour : « Vous la trouverez chez M. Freind, lui dis-je, chez le bon Parouba, chez vous-même, quand vous aurez nettoyé votre cœur des vices qui le couvrent. » Il rougit, Jenni aussi : puis Jenni baissa les yeux, et parut sentir des remords. Son père le regarda avec quelque compassion, et poursuivit ainsi son discours :)

FREIND

Oui, mes chers amis, il y eut toujours des vertus, s'il y eut des crimes. Athènes vit des Socrate, si elle vit des Anytus ; Rome eut des Caton, si elle eut des Sylla ; Caligula, Néron effrayèrent la terre par leurs atrocités ; mais Titus, Trajan, Antonin le Pieux, Marc-Aurèle, la consolèrent par leur bienfaisance : mon ami Sherloc dira en peu de mots au bon Parouba ce qu'étaient les gens dont je parle. J'ai heureusement mon Épictète dans ma poche : cet Épictète n'était qu'un esclave, mais égal à Marc-Aurèle par ses sentiments. Écoutez, et puissent tous ceux qui se mêlent d'enseigner les hommes écouter ce qu'Épictète se dit à lui-même : « C'est Dieu qui m'a créé, je le porte dans moi; oserais-je le déshonorer par des pensées infâmes, par des actions criminelles, par d'indignes désirs ? » Sa vie fut conforme à ses discours. Marc-Aurèle, sur le trône de l'Europe et de deux autres parties de notre hémisphère, ne pensa pas autrement que l'esclave Épictète : l'un ne fut jamais humilié de sa bassesse, l'autre ne fut jamais ébloui de sa grandeur : et, quand ils écrivirent leurs pensées, ce fut pour eux-mêmes et pour leurs disciples, et non pour être loués dans des journaux. Et, à votre avis, Locke, Newton, Tillotson, Penn, Clarke, le bonhomme qu'on appelle *the man of Ross*, tant d'autres dans notre île et hors de notre île, que je pourrais vous citer, n'ont-ils pas été des modèles de vertu ?

Vous m'avez parlé, Monsieur Birton, des guerres aussi cruelles qu'injustes dont tant de nations se sont rendues coupables ; vous avez peint les abominations des chrétiens au Mexique et au Pérou, vous pouvez y ajouter la Saint-Barthélemy de France et les massacres d'Irlande ; mais n'est-il pas des peuples entiers qui ont toujours eu l'effusion du sang en horreur ? Les brahmanes n'ont-ils pas donné de tout temps cet exemple au monde ? Et, sans sortir du pays où nous sommes, n'avons-nous pas auprès de nous la Pensylvanie, où nos primitifs, qu'on défigure en vain par le nom de quakers, ont toujours détesté la guerre ? N'avons-nous pas la Caroline, où le grand Locke a dicté ses lois ? Dans ces deux patries de la vertu, tous les citoyens sont égaux, toutes les consciences sont libres, toutes les religions sont bonnes, pourvu qu'on adore un Dieu ; tous les hommes y sont frères. Vous avez vu, Monsieur Birton, comme au seul nom d'un descendant de Penn les habitants des montagnes bleues, qui pouvaient vous exterminer, ont mis bas les armes. Ils ont senti ce que c'est que la vertu, et vous vous obstinez à l'ignorer ! Si la terre produit des poisons comme des aliments salutaires, voudrez-vous ne vous nourrir que de poisons ?

BIRTON

Ah ! Monsieur, pourquoi tant de poisons ? Si Dieu a tout fait, ils sont son ouvrage ; il est le maître de tout ; il fait tout ; il dirige la main de Cromwell qui signe la mort de Charles Ier ; il conduit le bras du bourreau qui lui tranche la tête ; non, je ne puis admettre un Dieu homicide.

FREIND

Ni moi non plus. Écoutez, je vous prie ; vous conviendrez avec moi que Dieu gouverne le monde par des lois générales. Selon ces lois, Cromwell, monstre de fanatisme et d'hypocrisie, résolut la mort de Charles Ier pour son intérêt, que tous les hommes aiment nécessairement, et qu'ils n'entendent pas tous également. Selon les lois du mouvement établies par Dieu même, le bourreau coupa la tête de ce roi ; mais certainement Dieu

n'assassina pas Charles Ier par un acte particulier
de sa volonté. Dieu ne fut ni Cromwell, ni Jeffreys,
ni Ravaillac, ni Balthazar Gérard, ni le frère
prêcheur Jacques Clément. Dieu ne commet, ni
n'ordonne, ni ne permet le crime ; mais il a fait
l'homme, et il a fait les lois du mouvement ; ces
lois éternelles du mouvement sont également exécu-
tées par la main de l'homme charitable, qui secourt
le pauvre, et par la main du scélérat, qui égorge
son frère. De même que Dieu n'éteignit point son
soleil et n'engloutit point l'Espagne sous la mer,
pour punir Cortez, Almagro et Pizarro, qui avaient
inondé de sang humain la moitié d'un hémisphère,
de même aussi il n'envoie point une troupe d'anges à
Londres, et ne fait point descendre du ciel cent mille
tonneaux de vin de Bourgogne pour faire plaisir
à ses chers Anglais quand ils ont fait une bonne
action. Sa providence générale serait ridicule
si elle descendait dans chaque moment à chaque
individu ; et cette vérité est si palpable que jamais
Dieu ne punit sur-le-champ un criminel par un
coup éclatant de sa toute-puissance : il laisse luire
son soleil sur les bons et sur les méchants. Si
quelques scélérats sont morts immédiatement après
leurs crimes, ils sont morts par les lois générales
qui président au monde. J'ai lu dans le gros livre
d'un *frenchman*, nommé Mézerai, que Dieu avait
fait mourir notre grand Henri V de la fistule à
l'anus parce qu'il avait osé s'asseoir sur le trône
du roi très chrétien ; non, il mourut parce que les
lois générales émanées de la toute-puissance

avaient tellement arrangé la matière que la fistule à l'anus devait terminer la vie de ce héros. Tout le physique d'une mauvaise action est l'effet des lois générales imprimées par la main de Dieu à la matière ; tout le mal moral de l'action criminelle est l'effet de la liberté dont l'homme abuse.

Enfin, sans nous plonger dans les brouillards de la métaphysique, souvenons-nous que l'existence de Dieu est démontrée ; il n'y a plus à disputer sur son existence. Otez Dieu au monde, l'assassinat de Charles Ier en devient-il plus légitime ? Son bourreau vous en sera-t-il plus cher? Dieu existe, il suffit; s'il existe, il est juste : soyez donc justes.

BIRTON

Votre petit argument sur le concours de Dieu a de la finesse et de la force, quoiqu'il ne disculpe pas Dieu entièrement d'être l'auteur du mal physique et du mal moral. Je vois que la manière dont vous excusez Dieu fait quelque impression sur l'assemblée ; mais ne pouvait-il pas faire en sorte que ses lois générales n'entraînassent pas tant de malheurs particuliers? Vous m'avez prouvé un Être éternel et puissant, et, Dieu me pardonne ! j'ai craint un moment que vous ne me fissiez croire en Dieu; mais j'ai de terribles objections à vous faire. Allons, Jenni, prenons courage ; ne nous laissons point abattre.

CHAPITRE X

LA nuit était venue, elle était belle, l'atmosphère était une voûte d'azur transparent, semée d'étoiles d'or ; ce spectacle touche toujours les hommes, et leur inspire une douce rêverie : le bon Parouba admirait le ciel, comme un Allemand admire Saint-Pierre de Rome, ou l'Opéra de Naples, quand il le voit pour la première fois. « Cette voûte est bien hardie », disait Parouba à Freind ; et Freind lui disait : « Mon cher Parouba, il n'y a point de voûte ; ce cintre bleu n'est autre chose qu'une étendue de nuages légers, que Dieu a tellement disposés et combinés avec la mécanique de vos yeux qu'en quelque endroit que vous soyez, vous êtes toujours au centre de votre promenade, et vous voyez ce qu'on nomme le ciel, et qui n'est point le ciel, arrondi sur votre tête. — Et ces étoiles, Monsieur Freind ? — Ce sont, comme je vous l'ai déjà dit, autant de soleils autour desquels tournent d'autres mondes ; loin d'être attachées à cette voûte bleue, souvenez-vous qu'elles en sont à des distances différentes et prodigieuses : cette étoile, que vous voyez, est à douze cents millions de mille pas de notre soleil. » Alors il lui montra le télescope qu'il avait apporté : il lui fit voir nos planètes, Jupiter avec ses quatre lunes, Saturne avec ses cinq lunes et son inconcevable anneau lumineux. « C'est la même lumière, lui disait-il, qui part de tous ces globes, et qui arrive à nos yeux : de cette planète-ci en un quart d'heure, de cette étoile-ci en six mois. » Parouba se mit à genoux et dit : « Les cieux annoncent Dieu. » Tout l'équipage était autour du vénérable Freind, regardait, et admirait. Le coriace Birton avança sans rien regarder, et parla ainsi :

BIRTON

Eh bien, soit ! il y a un Dieu, je vous l'accorde ; mais qu'importe à vous et à moi ? Qu'y a-t-il entre l'Être infini et nous autres vers de terre ? Quel rapport peut-il exister de son essence à la nôtre ? Épicure, en admettant des dieux dans les planètes, avait bien raison d'enseigner qu'ils ne se mêlaient nullement de nos sottises et de nos horreurs ; que nous ne pouvions ni les offenser ni leur plaire ; qu'ils n'avaient nul besoin de nous, ni nous d'eux : vous admettez un Dieu plus digne de l'esprit humain que les dieux d'Épicure et que tous ceux des Orientaux et des Occidentaux. Mais si vous disiez, comme tant d'autres, que ce Dieu a formé le monde et nous pour sa gloire ; qu'il exigea autrefois des sacrifices de bœufs pour sa gloire ; qu'il apparut, pour sa gloire, sous notre forme de bipèdes, etc., vous diriez, ce me semble, une chose absurde, qui ferait rire tous les gens qui pensent. L'amour de la gloire n'est autre chose que de l'orgueil, et l'orgueil n'est que de la vanité ; un orgueilleux est un fat que Shakespeare jouait sur son théâtre : cette épithète ne peut pas plus convenir à Dieu que celle d'injuste, de cruel, d'inconstant. Si Dieu a daigné faire, ou plutôt arranger l'univers, ce ne doit être que dans la vue d'y faire des heureux. Je vous laisse à penser s'il est venu à bout de ce dessein, le seul pourtant qui pût convenir à la nature divine.

FREIND

Oui, sans doute, il y a réussi avec toutes les âmes honnêtes : elles seront heureuses un jour, si elles ne le sont pas aujourd'hui.

BIRTON

Heureuses! quel rêve! quel conte de Peau d'âne! où? quand? comment? qui vous l'a dit?

FREIND

Sa justice.

BIRTON

N'allez-vous pas me dire, après tant de déclamateurs, que nous vivrons éternellement quand nous ne serons plus; que nous possédons une âme immortelle, ou plutôt qu'elle nous possède, après nous avoir avoué que les Juifs eux-mêmes, les Juifs auxquels vous vous vantez d'avoir été subrogés, n'ont jamais soupçonné seulement cette immortalité de l'âme jusqu'au temps d'Hérode? Cette idée d'une âme immortelle avait été inventée par les brahmanes, adoptée par les Perses, les Chaldéens, les Grecs, ignorée très longtemps de la malheureuse petite horde judaïque, mère des plus infâmes superstitions. Hélas! Monsieur, savons-nous seulement si nous avons une âme? Savons-nous si les animaux, dont le sang fait la vie, comme il fait la nôtre, qui ont comme nous des volontés, des appétits, des passions, des idées, de la mémoire, de l'industrie; savez-vous, dis-je, si ces êtres, aussi incompréhensibles que nous, ont une âme, comme on prétend que nous en avons une?

J'avais cru jusqu'à présent qu'il est dans la nature une force active dont nous tenons le don de vivre dans tout notre corps, de marcher par nos pieds, de prendre par nos mains, de voir par nos yeux, d'entendre par nos oreilles, de sentir par nos nerfs, de penser par notre tête, et que tout cela était ce que nous appelons l'âme; mot vague qui ne signifie au fond que le principe inconnu de nos facultés. J'appellerai Dieu, avec vous, ce principe intelligent et puissant qui anime la nature entière; mais a-t-il daigné se faire connaître à nous?

FREIND

Oui, par ses œuvres.

BIRTON

Nous a-t-il dicté ses lois? nous a-t-il parlé?

FREIND

Oui, par la voix de notre conscience. N'est-il pas vrai que, si vous aviez tué votre père et votre mère, cette conscience vous déchirerait par des remords aussi affreux qu'involontaires? Cette vérité n'est-elle pas sentie et avouée par l'univers entier? Descendons maintenant à de moindres crimes. Y en a-t-il un seul qui ne vous effraye au premier coup d'œil, qui ne vous fasse pâlir la première fois que vous le commettez, et qui ne laisse dans votre cœur l'aiguillon du repentir?

BIRTON

Il faut que je l'avoue.

FREIND

Dieu vous a donc expressément ordonné, en parlant à votre cœur, de ne vous souiller jamais d'un crime évident. Et quant à toutes ces actions équivoques, que les uns condamnent et que les autres justifient, qu'avons-nous de mieux à faire que de suivre cette grande loi du premier des Zoroastre, tant remarquée de nos jours par un auteur français : *Quand tu ne sais si l'action que tu médites est bonne ou mauvaise, abstiens-toi?*

BIRTON

Cette maxime est admirable; c'est sans doute ce qu'on a jamais dit de plus beau, c'est-à-dire de plus utile en morale; et cela me ferait presque penser que Dieu a suscité de temps en temps des sages qui ont enseigné la vertu aux hommes égarés. Je vous demande pardon d'avoir raillé de la vertu.

FREIND

Demandez-en pardon à l'Être éternel, qui peut la récompenser éternellement, et punir les transgresseurs.

BIRTON

Quoi ! Dieu me punirait éternellement de m'être livré à des passions qu'il m'a données ?

FREIND

Il vous a donné des passions avec lesquelles on peut faire du bien et du mal. Je ne vous dis pas qu'il vous punira à jamais, ni comment il vous punira, car personne n'en peut rien savoir ; je vous dis qu'il le peut. Les brahmanes furent les premiers qui imaginèrent une prison éternelle pour les substances célestes qui s'étaient révoltées contre Dieu dans son propre palais : il les enferma dans une espèce d'enfer qu'ils appelaient *ondéra* ; mais, au bout de quelques milliers de siècles, il adoucit leurs peines, les mit sur la terre, et les fit hommes ; c'est de là que vint notre mélange de vices et de vertus, de plaisirs et de calamités. Cette imagination est ingénieuse ; la fable de *Pandore* et de *Prométhée* l'est encore davantage. Des nations grossières ont imité grossièrement la belle fable de *Pandore* ; ces inventions sont des rêves de la philosophie orientale ; tout ce que je puis vous dire, c'est que, si vous avez commis des crimes en abusant de votre liberté, il vous est impossible de prouver que Dieu soit incapable de vous en punir : je vous en défie.

BIRTON

Attendez ; vous pensez que je ne peux pas vous démontrer qu'il est impossible au grand Être de me punir : par ma foi, vous avez raison ; j'ai fait ce que j'ai pu pour me prouver que cela était impossible, et je n'en suis jamais venu à bout. J'avoue que j'ai abusé de ma liberté, et que Dieu peut m'en châtier ; mais, pardieu ! je ne serai pas puni quand je ne serai plus.

FREIND

Le meilleur parti que vous ayez à prendre est d'être honnête homme tandis que vous existez.

BIRTON

D'être honnête homme pendant que j'existe ?... oui, je l'avoue ; oui, vous avez raison : c'est le parti qu'il faut prendre.

(Je voudrais, mon cher ami, que vous eussiez été témoin de l'effet que firent les discours de Freind sur tous les Anglais et sur tous les Américains. Birton, si évaporé et si audacieux, prit tout à coup un air recueilli et modeste ; Jenni, les yeux mouillés de larmes, se jeta aux genoux de son père, et son père l'embrassa. Voici enfin la dernière scène de cette dispute si épineuse et si intéressante.)

CHAPITRE XI

DE L'ATHÉISME

BIRTON

JE conçois bien que le grand Être, le maître de la nature, est éternel; mais nous, qui n'étions pas hier, pouvons-nous avoir la folle hardiesse de prétendre à une éternité future? Tout périt sans retour autour de nous, depuis l'insecte dévoré par l'hirondelle jusqu'à l'éléphant mangé des vers.

FREIND

Non, rien ne périt, tout change; les germes impalpables des animaux et des végétaux subsistent, se développent, et perpétuent les espèces. Pourquoi ne voudriez-vous pas que Dieu conservât le principe qui vous fait agir et penser, de quelque nature qu'il puisse être? Dieu me garde de faire un système, mais certainement il y a dans nous quelque chose qui pense et qui veut : ce quelque chose, que l'on appelait autrefois une monade, ce quelque chose est imperceptible. Dieu nous l'a donnée, ou peut-être, pour parler plus juste, Dieu nous a donnés à elle. Êtes-vous bien sûr qu'il ne peut la conserver? Songez, examinez; pouvez-vous m'en fournir quelque démonstration?

BIRTON

Non; j'en ai cherché dans mon entendement, dans tous les livres des athées, et surtout dans le troisième chant de Lucrèce; j'avoue que je n'ai jamais trouvé que des vraisemblances.

FREIND

Et, sur ces simples vraisemblances, nous nous abandonnerions à toutes nos passions funestes? Nous vivrions en brutes, n'ayant pour règle que nos appétits, et pour frein que la crainte des autres hommes rendus éternellement ennemis les uns des autres par cette crainte mutuelle! car on veut toujours détruire ce qu'on craint. Pensez-y bien, Monsieur Birton; réfléchissez-y sérieusement, mon fils Jenni; n'attendre de Dieu ni châtiment ni récompense, c'est être véritablement athée. A quoi servirait l'idée d'un Dieu qui n'aurait sur vous aucun pouvoir? C'est comme si on disait : Il y a un roi de la Chine qui est très puissant; je réponds : Grand bien lui fasse; qu'il reste dans son manoir et moi dans le mien; je ne me soucie pas plus de lui qu'il ne se soucie de moi; il n'a pas plus de juridiction sur ma personne qu'un chanoine de Windsor n'en a sur un membre de notre parlement; alors je suis mon Dieu à moi-même, je sacrifie le monde entier à mes fantaisies si j'en trouve l'occasion; je suis sans loi, je ne regarde que moi. Si les autres êtres sont moutons, je me fais loup; s'ils sont poules, je me fais renard.

Je suppose (ce qu'à Dieu ne plaise) que toute notre Angleterre soit athée par principes; je conviens qu'il pourra se trouver plusieurs citoyens qui, nés tranquilles et doux, assez riches pour n'avoir pas besoin d'être injustes, gouvernés par l'honneur, et par conséquent attentifs à leur conduite, pourront vivre ensemble en société; ils cultiveront les beaux-arts, par qui les mœurs s'adoucissent : ils pourront vivre dans la paix, dans l'innocente gaieté des honnêtes gens : mais l'athée pauvre et violent, sûr de l'impunité, sera un sot s'il ne vous assassine pas pour voler votre argent. Dès lors tous les liens de la société sont rompus, tous les crimes secrets inondent la terre, comme les sauterelles, à peine d'abord aperçues, viennent ravager les campagnes : le bas peuple ne sera qu'une horde de brigands, comme nos voleurs, dont on ne pend pas la dixième partie à nos sessions; ils passent leurs misérables vies dans des tavernes avec des filles perdues, ils les battent, ils se battent entre eux; ils tombent ivres au milieu de leurs pintes de plomb dont ils se sont cassé la tête; ils se réveillent pour voler et pour assassiner; ils recommencent chaque jour ce cercle abominable de brutalités !

Qui retiendra les grands et les rois dans leurs vengeances, dans leur ambition, à laquelle ils veulent tout immoler? Un roi athée est plus dangereux qu'un Ravaillac fanatique.

Les athées fourmillaient en Italie au XVe siècle; qu'en arriva-t-il? Il fut aussi commun d'empoisonner que de donner à souper, et d'enfoncer un stylet dans le cœur de son ami que de l'embrasser ; il y eut des professeurs du crime, comme il y a aujourd'hui des maîtres de musique et de mathématique. On choisissait exprès les temples pour y assassiner les princes au pied des autels. Le pape Sixte IV et un archevêque de Florence firent assassiner ainsi les deux princes les plus accomplis de l'Europe. (Mon cher Sherloc, dites, je vous prie, à Parouba et à ses enfants, ce que c'est qu'un pape et un archevêque, et dites-leur surtout qu'il n'est plus de pareils monstres.) Mais continuons. Un duc de Milan fut assassiné de même au milieu d'une église. On ne connaissait que trop les étonnantes horreurs d'Alexandre VI. Si de telles mœurs avaient subsisté, l'Italie aurait été plus déserte que ne l'a été le Pérou après son invasion.

La croyance d'un Dieu rémunérateur des bonnes actions, punisseur des méchantes, pardonneur des fautes légères, est donc la croyance la plus utile au genre humain ; c'est le seul frein des hommes puissants, qui commettent insolemment les crimes publics ; c'est le seul frein des hommes qui commettent adroitement les crimes secrets. Je ne vous dis pas, mes amis, de mêler à cette croyance nécessaire des superstitions qui la déshonoreraient, et qui même pourraient la rendre funeste : l'athée est un monstre qui ne dévorera que pour apaiser sa faim ; le superstitieux est un autre monstre qui déchirera les hommes par devoir. J'ai toujours remarqué qu'on peut guérir un athée, mais on ne guérit jamais le superstitieux radicalement; l'athée est un homme d'esprit qui se trompe, mais qui pense par lui-même; le superstitieux est un sot brutal qui n'a jamais eu que les idées des autres. L'athée violera Iphigénie prête d'épouser Achille, mais le fanatique l'égorgera pieusement sur l'autel, et croira que Jupiter lui en aura beaucoup d'obligation; l'athée dérobera un vase d'or dans une église pour donner à souper à des filles de joie, mais le fanatique célébrera un autodafé dans cette église, et chantera un cantique juif à plein gosier, en faisant brûler des juifs. Oui, mes amis, l'athéisme et le fanatisme sont les deux pôles d'un univers de confusion et d'horreur. La petite zone de la vertu est entre ces deux pôles : marchez d'un pas ferme dans ce sentier; croyez un Dieu bon, et soyez bons. C'est tout ce que les grands législateurs Locke et Penn demandent à leurs peuples.

Répondez-moi, Monsieur Birton, vous et vos amis : quel mal peut vous faire l'adoration d'un Dieu jointe au bonheur d'être honnête homme? Nous pouvons tous être attaqués d'une maladie mortelle au moment où je vous parle : qui de nous alors ne voudrait pas avoir vécu dans l'innocence? Voyez comme notre méchant Richard III meurt dans Shakespeare; comme les spectres de tous ceux qu'il a tués viennent épouvanter son imagination. Voyez comme expire Charles IX de France après sa Saint-Barthélemy. Son chapelain a beau lui dire qu'il a bien fait : son crime le déchire, son sang jaillit par ses pores, et tout le sang qu'il fit couler crie contre lui. Soyez sûr que de tous ces monstres il n'en est aucun qui n'ait vécu dans les tourments du remords, et qui n'ait fini dans la rage du désespoir.

CHAPITRE XII

Birton et ses amis ne purent tenir davantage : ils se jetèrent aux genoux de Freind. « Oui, dit Birton, je crois en Dieu et en vous. »

On était déjà près de la maison de Parouba. On y soupa, mais Jenni ne put souper : il se tenait à l'écart, il fondait en larmes ; son père alla le chercher pour le consoler. « Ah ! lui dit Jenni, je ne méritais pas d'avoir un père tel que vous ; je mourrai de douleur d'avoir été séduit par cette abominable Clive-Hart : je suis la cause, quoique innocente, de la mort de Primerose, et tout à l'heure, quand vous nous avez parlé d'empoisonnement, un frisson m'a saisi ; j'ai cru voir Clive-Hart présentant le breuvage horrible à Primerose. O Ciel ! ô Dieu ! comme ai-je pu avoir l'esprit assez aliéné pour suivre une créature si coupable ? Mais elle me trompa ; j'étais aveugle ; je ne fus détrompé que peu de temps avant qu'elle fût prise par les sauvages : elle me fit presque l'aveu de son crime dans un mouvement de colère ; depuis ce moment je l'eus en horreur, et, pour mon supplice, l'image de Primerose est sans cesse devant mes yeux ; je la vois, je l'entends ; elle me dit : « Je suis morte, parce que je t'aimais. »

M. Freind se mit à sourire d'un sourire de bonté dont Jenni ne put comprendre le motif ; son père lui dit qu'une vie irréprochable pouvait seule réparer les fautes passées : il le ramena à table comme un homme qu'on vient de retirer des flots où il se noyait ; je l'embrassai, je le flattai, je lui donnai du courage : nous étions tous attendris. Nous appareillâmes le lendemain pour retourner en Angleterre, après avoir fait des présents à toute la famille de Parouba : nos adieux furent mêlés de larmes sincères ; Birton et ses camarades, qui n'avaient jamais été qu'évaporés, semblaient déjà raisonnables.

Nous étions en pleine mer quand Freind dit à Jenni en ma présence : « Eh bien ! mon fils, le souvenir de la belle, de la vertueuse et tendre Primerose, vous est donc toujours cher ? » Jenni se désespéra à ces paroles ; les traits d'un repentir inutile et éternel perçaient son cœur, et je craignis qu'il ne se précipitât dans la mer. « Eh bien ! lui dit Freind, consolez-vous ; Primerose est vivante, et elle vous aime. »

Freind en effet en avait reçu des nouvelles sûres de ce domestique affidé, qui lui écrivait par tous les vaisseaux qui partaient pour Maryland. M. Mead, qui a depuis acquis une si grande réputation pour la connaissance de tous les poisons, avait été assez heureux pour tirer Primerose des bras de la mort. M. Freind fit voir à son fils cette lettre qu'il avait relue tant de fois, et avec tant d'attendrissement.

Jenni passa en un moment de l'excès du désespoir à celui de la félicité. Je ne vous peindrai point

les effets de ce changement si subit : plus j'en suis
saisi, moins je puis les exprimer; ce fut le plus
beau moment de la vie de Jenni. Birton et ses
camarades partagèrent une joie si pure. Que vous
dirai-je enfin? L'excellent Freind leur a servi de
père à tous; les noces du beau Jenni et de la belle
princesse Primerose se sont faites chez le docteur
Mead; nous avons marié aussi Birton, qui était
tout changé. Jenni et lui sont aujourd'hui les plus
honnêtes gens de l'Angleterre. Vous conviendrez
qu'un sage peut guérir des fous.

LES OREILLES

DU

COMTE DE CHESTERFIELD

ET LE

CHAPELAIN GOUDMAN

LES OREILLES
DU COMTE DE
CHESTERFIELD

CHAPITRE PREMIER

Aʜ ! la fatalité gouverne irrémissiblement toutes les choses de ce monde. J'en juge, comme de raison, par mon aventure.

Milord Chesterfield, qui m'aimait fort, m'avait promis de me faire du bien. Il vaquait un bon *preferment*[1] à sa nomination. Je cours du fond de ma province à Londres ; je me présente à milord : je le fais souvenir de ses promesses ; il me serre la main avec amitié, et me dit qu'en effet j'ai bien mauvais visage. Je lui réponds que mon plus grand mal est la pauvreté. Il me réplique qu'il veut me faire guérir, et me donne sur-le-champ une lettre pour M. Sidrac, près de Guildhall.

Je ne doute pas que M. Sidrac ne soit celui qui

---

1. *Preferment* signifie *bénéfice* en anglais.

doit m'expédier les provisions de ma cure. Je vole chez lui. M. Sidrac, qui était le chirurgien de milord, se met incontinent en devoir de me sonder, et m'assure que, si j'ai la pierre, il me taillera très heureusement.

Il faut savoir que milord avait entendu que j'avais un grand mal à la vessie, et qu'il avait voulu, selon sa générosité ordinaire, me faire tailler à ses dépens. Il était sourd, aussi bien que monsieur son frère, et je n'en étais pas encore instruit.

Pendant le temps que je perdis à défendre ma vessie contre M. Sidrac, qui voulait me sonder à toute force, un des cinquante-deux compétiteurs qui prétendaient au même bénéfice arriva chez milord, demanda ma cure, et l'emporta.

J'étais amoureux de miss Fidler, que je devais épouser dès que je serais curé; mon rival eut ma place et ma maîtresse.

Le comte, ayant appris mon désastre et sa méprise, me promit de tout réparer; mais il mourut deux jours après.

M. Sidrac me fit voir, clair comme le jour, que mon bon protecteur ne pouvait pas vivre une minute de plus, vu la constitution présente de ses organes, et me prouva que sa surdité ne venait que de l'extrême sécheresse de la corde et du tambour de son oreille. Il m'offrit même d'endurcir mes deux oreilles avec de l'esprit-de-vin, de façon à me rendre plus sourd qu'aucun pair du royaume.

Je compris que M. Sidrac était un très savant

homme. Il m'inspira du goût pour la science de la nature. Je voyais d'ailleurs que c'était un homme charitable qui me taillerait gratis dans l'occasion, et qui me soulagerait dans tous les accidents qui pourraient m'arriver vers le col de la vessie.

Je me mis donc à étudier la nature sous sa direction, pour me consoler de la perte de ma cure et de ma maîtresse.

CHAPITRE II

APRÈS bien des observations sur la nature, faites avec mes cinq sens, des lunettes, des microscopes, je dis un jour à M. Sidrac : « On se moque de nous ; il n'y a point de nature, tout est art. C'est par un art admirable que toutes les planètes dansent régulièrement autour du soleil, tandis que le soleil fait la roue sur lui-même. Il faut assurément que quelqu'un d'aussi savant que la Société royale de Londres ait arrangé les choses de manière que le carré des révolutions de chaque planète soit toujours proportionnel à la racine du cube de leur distance à leur centre ; et il faut être sorcier pour le deviner.

« Le flux et le reflux de notre Tamise me paraît l'effet constant d'un art non moins profond et non moins difficile à connaître.

« Animaux, végétaux, minéraux, tout me paraît arrangé avec poids, mesure, nombre, mouvement. Tout est ressort, levier, poulie, machine hydraulique, laboratoire de chimie, depuis l'herbe jusqu'au chêne, depuis la puce jusqu'à l'homme, depuis un grain de sable jusqu'à nos nuées.

« Certainement il n'y a que de l'art, et la nature est une chimère.

— Vous avez raison, me répondit M. Sidrac, mais vous n'en avez pas les gants ; cela a déjà été

dit par un rêveur de la Manche[1], mais on n'y a
pas fait attention. — Ce qui m'étonne, et ce qui
me plaît le plus, c'est que, par cet art incompréhensible, deux machines en produisent toujours une
troisième ; et je suis bien fâché de n'en avoir pas
fait une avec miss Fidler ; mais je vois bien qu'il
était arrangé de toute éternité que miss Fidler
emploierait une autre machine que moi.

— Ce que vous dites, me répliqua M. Sidrac, a
été encore dit, et tant mieux : c'est une probabi-
lité que vous pensez juste. Oui, il est fort plaisant
que deux êtres en produisent un troisième ; mais
cela n'est pas vrai de tous les êtres. Deux roses ne
produisent pas une troisième rose en se baisant ;
deux cailloux, deux métaux, n'en produisent pas
un troisième ; et cependant un métal, une pierre,
sont des choses que toute l'industrie humaine ne
saurait faire. Le grand, le beau miracle continuel,
est qu'un garçon et une fille fassent un enfant
ensemble, qu'un rossignol fasse un rossignolet à sa
rossignole, et non pas à une fauvette. Il faudrait
passer la moitié de sa vie à les imiter, et l'autre
moitié à bénir celui qui inventa cette méthode. Il
y a dans la génération mille secrets tout à fait
curieux. Newton dit que la nature se ressemble
partout : *Natura est ubique sibi consona.* Cela est
faux en amour ; les poissons, les reptiles, les
oiseaux, ne font point l'amour comme nous : c'est
une variété infinie. La fabrique des êtres sentants

1. *Questions encyclopédiques,* article *Nature.*

et agissants me ravit. Les végétaux ont aussi leur prix. Je m'étonne toujours qu'un grain de blé jeté en terre en produise plusieurs autres.

— Ah ! lui dis-je comme un sot que j'étais encore, c'est que le blé doit mourir pour naître, comme on l'a dit dans l'école. »

M. Sidrac me reprit en riant avec beaucoup de circonspection. « Cela était vrai du temps de l'école, dit-il ; mais le moindre laboureur sait bien aujourd'hui que la chose est absurde. — Ah ! Monsieur Sidrac, je vous demande pardon ; mais j'ai été théologien, et on ne se défait pas tout d'un coup de ses habitudes. »

CHAPITRE III

Quelque temps après ces conversations entre le pauvre prêtre Goudman et l'excellent anatomiste Sidrac, ce chirurgien le rencontra dans le parc Saint-James, tout pensif, tout rêveur, et l'air plus embarrassé qu'un algébriste qui vient de faire un faux calcul. « Qu'avez-vous ? lui dit Sidrac ; est-ce la vessie ou le côlon qui vous tourmente ? — Non, dit Goudman, c'est la vésicule du fiel. Je viens de voir passer dans un bon carrosse l'évêque de Glocester, qui est un pédant bavard et insolent ; j'étais à pied, et cela m'a irrité. J'ai songé que, si je voulais avoir un évêché dans ce royaume, il y a dix mille à parier contre un que je ne l'aurais pas, attendu que nous sommes dix mille prêtres en Angleterre. Je suis sans aucune protection depuis la mort de milord Chesterfield, qui était sourd. Posons que les dix mille prêtres anglicans aient chacun deux protecteurs, il y aurait en ce cas vingt mille à parier contre un que je n'aurais pas l'évêché. Cela fâche quand on y fait attention.

« Je me suis souvenu qu'on m'avait proposé autrefois d'aller aux grandes Indes en qualité de mousse ; on m'assurait que j'y ferais une grande fortune, mais je ne me sentis pas propre à devenir un jour amiral. Et, après avoir examiné toutes les professions, je suis resté prêtre sans être bon à rien.

— Ne soyez plus prêtre, lui dit Sidrac, et faites-vous philosophe. Ce métier n'exige ni ne donne des richesses. Quel est votre revenu ? — Je n'ai que trente guinées de rente, et, après la mort de ma vieille tante, j'en aurai cinquante. — Allons, mon cher Goudman, c'est assez pour vivre libre et pour penser. Trente guinées font six cent trente shillings : c'est près de deux shillings par jour. Philips n'en voulait qu'un seul. On peut, avec ce revenu assuré, dire tout ce qu'on pense de la compagnie des Indes, du parlement, de nos colonies, du roi, de l'être en général, de l'homme et de Dieu, ce qui est un grand amusement. Venez dîner avec moi, cela vous épargnera de l'argent ; nous causerons, et votre faculté pensante aura le plaisir de se communiquer à la mienne par le moyen de la parole ; ce qui est une chose merveilleuse que les hommes n'admirent pas assez. »

CHAPITRE IV

GOUDMAN

MAIS, mon cher Sidrac, pourquoi dites-vous toujours *ma faculté pensante*? Que ne dites-vous *mon âme*, tout court? cela serait plutôt fait, et je vous entendrais tout aussi bien.

SIDRAC

Et moi, je ne m'entendrais pas. Je sens bien, je sais bien que Dieu m'a donné la faculté de penser et de parler; mais je ne sens ni ne sais s'il m'a donné un être qu'on appelle âme.

GOUDMAN

Vraiment, quand j'y réfléchis, je vois que je n'en sais rien non plus, et que j'ai été longtemps assez hardi pour croire le savoir. J'ai remarqué que les peuples orientaux appelèrent l'âme d'un nom qui signifiait la vie. A leur exemple, les Latins entendirent d'abord par *anima* la vie de l'animal. Chez les Grecs on disait : la respiration est l'âme. Cette respiration est un souffle. Les Latins traduisirent le mot souffle par *spiritus* : de là le mot qui répond à *esprit* chez presque toutes les nations modernes. Comme personne n'a jamais vu ce souffle, cet esprit, on en a fait un être que personne ne peut voir ni toucher. On a dit qu'il logeait dans notre corps sans y tenir de place, qu'il remuait nos organes sans les atteindre. Que n'a-t-on pas dit ? Tous nos discours, à ce qu'il me semble, ont été fondés sur des équivoques. Je vois que le sage Locke a bien senti dans quel chaos ces équivoques de toutes les langues avaient plongé la raison humaine. Il n'a fait aucun chapitre sur l'âme dans le seul livre de métaphysique raisonnable qu'on ait jamais écrit. Et, si par hasard il prononce ce mot en quelques endroits, ce mot ne signifie chez lui que notre intelligence.

En effet, tout le monde sent bien qu'il a une intelligence, qu'il reçoit des idées, qu'il en assemble, qu'il en décompose ; mais personne ne sent qu'il ait dans lui un autre être qui lui donne du mouvement, des sensations et des pensées. Il est, au fond, ridicule de prononcer des mots qu'on n'entend pas, et d'admettre des êtres dont on ne peut avoir la plus légère connaissance.

SIDRAC

Nous voilà donc déjà d'accord sur une chose qui a été un objet de dispute pendant tant de siècles.

GOUDMAN

Et j'admire que nous soyons d'accord.

SIDRAC

Cela n'est pas étonnant, nous cherchons le vrai de bonne foi. Si nous étions sur les bancs de l'école, nous argumenterions comme les personnages de Rabelais. Si nous vivions dans les siècles de ténèbres affreuses qui enveloppèrent si longtemps l'Angleterre, l'un de nous deux ferait peut-être brûler l'autre. Nous sommes dans un siècle de raison; nous trouvons aisément ce qui nous paraît la vérité, et nous osons la dire.

GOUDMAN

Oui, mais j'ai peur que cette vérité ne soit bien peu de chose. Nous avons fait en mathématique des prodiges qui étonneraient Apollonius et Archimède, et qui les rendraient nos écoliers; mais, en métaphysique, qu'avons-nous trouvé? Notre ignorance.

SIDRAC

Et n'est-ce rien? Vous convenez que le grand Être vous a donné une faculté de sentir et de penser, comme il a donné à vos pieds la faculté de marcher, à vos mains le pouvoir de faire mille ouvrages, à vos viscères le pouvoir de digérer, à votre cœur le pouvoir de pousser votre sang dans vos artères. Nous tenons tout de lui; nous n'avons rien pu nous donner, et nous ignorerons toujours la manière dont le maître de l'univers s'y prend pour nous conduire. Pour moi, je lui rends grâce de m'avoir appris que je ne sais rien des premiers principes.

On a toujours recherché comment l'âme agit sur le corps. Il fallait d'abord savoir si nous en avions une. Ou Dieu nous a fait ce présent, ou il nous a communiqué quelque chose qui en est l'équivalent. De quelque manière qu'il s'y soit pris, nous sommes sous sa main. Il est notre maître, voilà tout ce que je sais.

GOUDMAN

Mais, au moins, dites-moi ce que vous en soupçonnez. Vous avez disséqué des cerveaux, vous avez vu des embryons et des fœtus : y avez-vous découvert quelque apparence d'âme ?

SIDRAC

Pas la moindre, et je n'ai jamais pu comprendre comment un être immatériel, immortel, logeait pendant neuf mois inutilement caché dans une membrane puante entre de l'urine et des excréments. Il m'a paru difficile de concevoir que cette prétendue âme simple existât avant la formation de son corps : car à quoi aurait-elle servi pendant des siècles sans être âme humaine ? Et puis comment imaginer un être simple, un être métaphysique, qui attend pendant une éternité le moment d'animer de la matière pendant quelques minutes ? Que devient cet être inconnu si le fœtus qu'il doit animer meurt dans le ventre de sa mère ?

Il m'a paru encore plus ridicule que Dieu créât une âme au moment qu'un homme couche avec une femme. Il m'a semblé blasphématoire que Dieu attendît la consommation d'un adultère, d'un inceste, pour récompenser ces turpitudes en créant des âmes en leur faveur. C'est encore pis quand on me dit que Dieu tire du néant des âmes immortelles pour leur faire souffrir éternellement des tourments incroyables. Quoi! brûler des êtres simples, des êtres qui n'ont rien de brûlable! Comment nous y prendrions-nous pour brûler un son de voix, un vent qui vient de passer? Encore ce son, ce vent, étaient matériels dans le petit moment de leur passage; mais un esprit pur, une pensée, un doute? Je m'y perds. De quelque côté que je me tourne, je ne trouve qu'obscurité, contradiction, impossibilité, ridicule, rêveries, impertinence, chimère, absurdité, bêtise, charlatanerie.

Mais je suis à mon aise quand je me dis : Dieu est le maître. Celui qui fait graviter des astres innombrables les uns vers les autres, celui qui fit la lumière, est bien assez puissant pour nous donner des sentiments et des idées sans que nous ayons besoin d'un petit atome étranger, invisible, appelé *âme*.

Dieu a donné certainement du sentiment, de la mémoire, de l'industrie à tous les animaux. Il leur a donné la vie, et il est bien aussi beau de faire présent de la vie que de faire présent d'une âme. Il est assez reçu que les animaux vivent; il est démontré qu'ils ont du sentiment, puisqu'ils ont les organes du sentiment. Or, s'ils ont tout cela sans âme, pourquoi voulons-nous à toute force en avoir une?

GOUDMAN

Peut-être c'est par vanité. Je suis persuadé que, si un paon pouvait parler, il se vanterait d'avoir une âme, et il dirait que son âme est dans sa queue. Je me sens très enclin à soupçonner avec vous que Dieu nous a faits mangeants, buvants, marchants, dormants, sentants, pensants, pleins de passions, d'orgueil et de misère, sans nous dire un mot de son secret. Nous n'en savons pas plus sur cet article que ces paons dont je parle. Et celui qui a dit que nous naissons, vivons et mourons sans savoir comment, a dit une grande vérité.

Celui qui nous appelle les marionnettes de la Providence me paraît nous avoir bien définis, car enfin, pour que nous existions, il faut une infinité de mouvements. Or nous n'avons pas fait le mouvement ; ce n'est pas nous qui en avons établi les lois. Il y a quelqu'un qui, ayant fait la lumière, la fait mouvoir du soleil à nos yeux, et y arriver en sept minutes. Ce n'est que par le mouvement que mes cinq sens sont remués ; ce n'est que par ces cinq sens que j'ai des idées : donc c'est l'auteur du mouvement qui me donne mes idées. Et, quand il me dira de quelle manière il me les donne, je lui rendrai de très humbles actions de grâces. Je lui en rends déjà beaucoup de m'avoir permis de contempler pendant quelques années le magnifique spectacle de ce monde, comme disait Épictète. Il est vrai qu'il pouvait me rendre plus heureux, et me faire avoir un bon bénéfice et ma maîtresse miss Fidler; mais enfin, tel que je suis avec mes six cent trente shillings de rente, je lui ai encore bien de l'obligation.

SIDRAC

Vous dites que Dieu pouvait vous donner un bon bénéfice, et qu'il pouvait vous rendre plus heureux que vous n'êtes. Il y a des gens qui ne vous passeront pas cette proposition. Eh ! ne vous souvenez-vous pas que vous-même vous vous êtes plaint de la fatalité? Il n'est pas permis à un homme qui a voulu être curé de se contredire. Ne voyez-vous pas que, si vous aviez eu la cure et la femme que vous demandiez, ce serait vous qui auriez fait un enfant à miss Fidler, et non pas votre rival? L'enfant dont elle aurait accouché aurait pu être mousse, devenir amiral, gagner une bataille navale à l'embouchure du Gange, et achever de détrôner le Grand Mogol. Cela seul aurait changé la constitution de l'univers. Il aurait fallu un monde tout différent du nôtre pour que votre compétiteur n'eût pas la cure, pour qu'il n'épousât pas miss Fidler, pour que vous ne fussiez pas réduit à six cent trente shillings, en attendant la mort de votre tante. Tout est enchaîné; et Dieu n'ira pas rompre la chaîne éternelle pour mon ami Goudman.

GOUDMAN

Je ne m'attendais pas à ce raisonnement quand je parlais de fatalité; mais enfin, si cela est ainsi, Dieu est donc esclave tout comme moi?

SIDRAC

Il est esclave de sa volonté, de sa sagesse, des propres lois qu'il a faites, de sa nature nécessaire. Il ne peut les enfreindre, parce qu'il ne peut être faible, inconstant, volage comme nous, et que l'Être nécessairement éternel ne peut être une girouette.

GOUDMAN

Monsieur Sidrac, cela pourrait mener tout droit à l'irréligion : car, si Dieu ne peut rien changer aux affaires de ce monde, à quoi bon chanter ses louanges, à quoi bon lui adresser des prières?

SIDRAC

Eh! qui vous dit de prier Dieu et de le louer? Il a vraiment bien à faire de vos louanges et de vos placets! On loue un homme parce qu'on le croit vain; on le prie quand on le croit faible, et qu'on espère le faire changer d'avis. Faisons notre devoir envers Dieu, adorons-le, soyons justes : voilà nos vraies louanges et nos vraies prières.

GOUDMAN

Monsieur Sidrac, nous avons embrassé bien du terrain, car, sans compter miss Fidler, nous examinons si nous avons une âme, s'il y a un Dieu, s'il peut changer, si nous sommes destinés à deux vies, si... Ce sont là de profondes études, et peut-être je n'y aurais jamais pensé si j'avais été curé. Il faut que j'approfondisse ces choses nécessaires et sublimes, puisque je n'ai rien à faire.

SIDRAC

Eh bien! demain le docteur Grou vient dîner chez moi : c'est un médecin fort instruit; il a fait le tour du monde avec MM. Banks et Solander; il doit certainement connaître Dieu et l'âme, le vrai et le faux, le juste et l'injuste, bien mieux que ceux qui ne sont jamais sortis de Covent-Garden. De plus, le docteur Grou a vu presque toute l'Europe dans sa jeunesse; il a été témoin de cinq ou six révolutions en Russie; il a fréquenté le bacha comte de Bonneval, qui était devenu, comme on sait, un parfait musulman à Constantinople. Il a été lié avec le prêtre papiste Mac-Carthy, Irlandais, qui se fit couper le prépuce à l'honneur de Mahomet, et avec notre presbytérien écossais Ramsay, qui en fit autant, et qui ensuite servit en Russie, et fut tué dans une bataille contre les Suédois en Finlande. Enfin, il a conversé avec le révérend Père Malagrida, qui a été brûlé depuis à Lisbonne, parce que la sainte Vierge lui avait révélé tout ce qu'elle avait fait lorsqu'elle était dans le ventre de sa mère sainte Anne. Vous sentez bien qu'un homme comme M. Grou, qui a vu tant de choses, doit être le plus grand métaphysicien du monde. A demain donc chez moi à dîner.

GOUDMAN

Et après-demain encore, mon cher Sidrac, car il faut plus d'un dîner pour s'instruire.

CHAPITRE V

L_E lendemain, les trois penseurs dînèrent ensemble; et, comme ils devenaient un peu plus gais sur la fin du repas, selon la coutume des philosophes qui dînent, on se divertit à parler de toutes les misères, de toutes les sottises, de toutes les horreurs qui affligent le genre animal, depuis les terres australes jusqu'auprès du pôle arctique, et depuis Lima jusqu'à Méako. Cette diversité d'abominations ne laisse pas d'être fort amusante. C'est un plaisir que n'ont point les bourgeois casaniers et les vicaires de paroisse, qui ne connaissent que leur clocher, et qui croient que tout le reste de l'univers est fait comme Exchange-Alley à Londres, ou comme la rue de la Huchette à Paris.

« Je remarque, dit le docteur Grou, que, malgré la variété infinie répandue sur ce globe, cependant tous les hommes que j'ai vus, soit noirs à laine, soit noirs à cheveux, soit bronzés, soit rouges, soit bis, qui s'appellent blancs, ont également deux jambes, deux yeux et une tête sur leurs épaules, quoi qu'en ait dit saint Augustin, qui, dans son trente-septième sermon, assure qu'il a vu des acéphales, c'est-à-dire des hommes sans tête, des monocules, qui n'ont qu'un œil, et des monopèdes, qui n'ont qu'une jambe. Pour des anthropophages j'avoue qu'on en regorge, et que tout le monde l'a été.

« On m'a souvent demandé si les habitants de ce pays immense nommé la Nouvelle-Zélande, qui sont aujourd'hui les plus barbares de tous les barbares, étaient baptisés. J'ai répondu que je n'en savais rien, que cela pouvait être; que les Juifs, qui étaient plus barbares qu'eux, avaient eu deux baptêmes au lieu d'un, le baptême de justice et le baptême de domicile.

— Vraiment, je les connais, dit M. Goudman, et j'ai eu sur cela de grandes disputes avec ceux qui croient que nous avons inventé le baptême. Non, Messieurs, nous n'avons rien inventé, nous n'avons fait que rapetasser. Mais, dites-moi, je vous en prie, Monsieur Grou, de quatre-vingts ou cent religions que vous avez vues en chemin, laquelle vous a paru la plus agréable : est-ce celle des Zélandais ou celle des Hottentots ?

M. GROU

C'est celle de l'île d'Otaïti, sans aucune comparaison. J'ai parcouru les deux hémisphères; je n'ai rien vu comme Otaïti et sa religieuse reine. C'est dans Otaïti que la nature habite. Je n'ai vu ailleurs que des masques; je n'ai vu que des fripons qui trompent des sots, des charlatans qui escamotent l'argent des autres pour avoir de l'autorité, et qui escamotent de l'autorité pour avoir de l'argent impunément; qui vous vendent des toiles d'araignées pour manger vos perdrix; qui vous promettent richesses et plaisir quand il n'y aura plus personne, afin que vous tourniez la broche pendant qu'ils existent.

« Pardieu ! il n'en est pas de même dans l'île d'Aïti, ou d'Otaïti. Cette île est bien plus civilisée que celle de Zélande et que le pays des Cafres, et, j'ose dire, que notre Angleterre, parce que la nature l'a favorisée d'un sol plus fertile ; elle lui a donné l'arbre à pain, présent aussi utile qu'admirable, qu'elle n'a fait qu'à quelques îles de la mer du Sud. Otaïti possède d'ailleurs beaucoup de volailles, de légumes et de fruits. On n'a pas besoin dans un tel pays de manger son semblable ; mais il y a un besoin plus naturel, plus doux, plus universel, que la région d'Otaïti ordonne de satisfaire en public. C'est de toutes les cérémonies religieuses la plus respectable sans doute ; j'en ai été témoin, aussi bien que tout l'équipage de notre vaisseau. Ce ne sont point ici des fables de missionnaires, telles qu'on en trouve quelquefois dans les *Lettres édifiantes et curieuses* des révérends Pères jésuites. Le docteur Jean Hawkesworth achève actuellement de faire imprimer nos découvertes dans l'hémisphère méridional. J'ai toujours accompagné M. Banks, ce jeune homme si estimable, qui a consacré son temps et son bien à observer la nature vers le pôle antarctique, tandis que MM. Dawkins et Wood revenaient des ruines de Palmyre et de Balbek, où ils avaient fouillé les plus anciens monuments des arts, et que M. Hamilton apprenait aux Napolitains étonnés l'histoire naturelle de leur mont

Vésuve. Enfin j'ai vu avec MM. Banks, Solander,
Cook, et cent autres, ce que je vais vous raconter.
« La princesse Obéira, reine de l'île d'Otaïti... »
Alors on apporta le café, et, dès qu'on l'eut pris,
M. Grou continua ainsi son récit.

CHAPITRE VI

La princesse Obéira, dis-je, après nous avoir comblés de présents avec une politesse digne d'une reine d'Angleterre, fut curieuse d'assister un matin à notre service anglican. Nous le célébrâmes aussi pompeusement que nous pûmes. Elle nous invita au sien l'après-dîné; c'était le 14 mai 1769. Nous la trouvâmes entourée d'environ mille personnes des deux sexes, rangées en demi-cercle, et dans un silence respectueux. Une jeune fille, très jolie, simplement parée d'un déshabillé galant, était couchée sur une estrade qui servait d'autel. La reine Obéira ordonna à un beau garçon d'environ vingt ans d'aller sacrifier. Il prononça une espèce de prière, et monta sur l'autel. Les deux sacrificateurs étaient à demi nus. La reine, d'un air majestueux, enseignait à la jeune victime la manière la plus convenable de consommer le sacrifice. Tous les Otaïtiens étaient si attentifs et si respectueux qu'aucun de nos matelots n'osa troubler la cérémonie par un rire indécent. Voilà ce que j'ai vu, vous dis-je; voilà tout ce que notre équipage a vu : c'est à vous d'en tirer les conséquences.

— Cette fête sacrée ne m'étonne pas, dit le docteur Goudman. Je suis persuadé que c'est la première fête que les hommes aient jamais célébrée, et je ne vois pas pourquoi on ne prierait pas Dieu lorsqu'on va faire un être à son image, comme nous le prions avant les repas qui servent à soutenir notre corps. Travailler à faire naître une créature raisonnable est l'action la plus noble et la plus sainte. C'est ainsi que pensaient les premiers Indiens qui révérèrent le Lingam, symbole de la génération ; les anciens Égyptiens, qui portaient en procession le Phallus ; les Grecs, qui érigèrent des temples à Priape. S'il est permis de citer la misérable petite nation juive, grossière imitatrice de tous ses voisins, il est dit dans ses livres que ce peuple adora Priape, et que la reine mère du roi juif Asa fut sa grande prêtresse [1].

« Quoi qu'il en soit, il est très vraisemblable que jamais aucun peuple n'établit ni ne put établir un culte par libertinage. La débauche s'y glisse quelquefois dans la suite des temps ; mais l'institution est toujours innocente et pure. Nos premières agapes, dans lesquelles les garçons et les filles se baisaient modestement sur la bouche, ne dégénérèrent qu'assez tard en rendez-vous et en infidélités ; et plût à Dieu que je pusse sacrifier avec miss Fidler devant la reine Obéira en tout bien et en tout honneur ! Ce serait assurément le plus beau jour et la plus belle action de ma vie. »

M. Sidrac, qui avait jusque-là gardé le silence, parce que MM. Goudman et Grou avaient toujours parlé, sortit enfin de sa taciturnité, et dit : « Tout ce que je viens d'entendre me ravit en

1. Troisième des *Rois*, chap. XIII ; et *Paralipomènes*, chap. XV.

admiration. La reine Obéira me paraît la première reine de l'hémisphère méridional, je n'ose dire des deux hémisphères. Mais, parmi tant de gloire et tant de félicité, il y a un article qui me fait frémir, et dont M. Goudman vous a dit un mot auquel vous n'avez pas répondu. Est-il vrai, Monsieur Grou, que le capitaine Wallis, qui mouilla dans cette île fortunée avant vous, y porta les deux plus horribles fléaux de la terre, les deux véroles ? — Hélas ! reprit M. Grou, ce sont les Français qui nous en accusent, et nous en accusons les Français. M. Bougainville dit que ce sont ces maudits Anglais qui ont donné la vérole à la reine Obéira ; et M. Cook prétend que cette reine ne l'a acquise que de M. Bougainville lui-même. Quoi qu'il en soit, la vérole ressemble aux beaux-arts : on ne sait point qui en fut l'inventeur ; mais, à la longue, ils font le tour de l'Europe, de l'Asie, de l'Afrique et de l'Amérique.

— Il y a longtemps que j'exerce la chirurgie, dit Sidrac, et j'avoue que je dois à cette vérole la plus grande partie de ma fortune ; mais je ne la déteste pas moins. Mme Sidrac me la communiqua dès la première nuit de ses noces ; et, comme c'est une femme excessivement délicate sur ce qui peut entamer son honneur, elle publia dans tous les papiers publics de Londres qu'elle était à la vérité attaquée du mal immonde, mais qu'elle l'avait apporté du ventre de madame sa mère, et que c'était une ancienne habitude de famille.

« A quoi pensa ce qu'on appelle *la nature*, quand

elle versa ce poison dans les sources de la vie? On l'a dit, et je le répète, c'est la plus énorme et la plus détestable de toutes les contradictions. Quoi! l'homme a été fait, dit-on, à l'image de Dieu,

Finxit in effigiem moderantum cuncta deorum :

et c'est dans les vaisseaux spermatiques de cette image qu'on a mis la douleur, l'infection et la mort! Que deviendra ce beau vers de milord Rochester : « L'amour ferait adorer Dieu dans un pays « d'athées? »

— Hélas! dit alors le bon Goudman, j'ai peut-être à remercier la Providence de n'avoir pas épousé ma chère miss Fidler : car sait-on ce qui serait arrivé? On n'est jamais sûr de rien dans ce monde. En tout cas, Monsieur Sidrac, vous m'avez promis votre aide dans tout ce qui concernerait ma vessie. — Je suis à votre service, répondit Sidrac; mais il faut chasser ces mauvaises pensées. » Goudman, en parlant ainsi, semblait prévoir sa destinée.

CHAPITRE VII

LE lendemain, les trois philosophes agitèrent la grande question : « Quel est le premier mobile de toutes les actions des hommes ? » Goudman, qui avait toujours sur le cœur la perte de son bénéfice et de sa bien-aimée, dit que le principe de tout était l'amour et l'ambition. Grou, qui avait vu plus de pays, dit que c'était l'argent ; et le grand anatomiste Sidrac assura que c'était la chaise percée. Les deux convives demeurèrent tout étonnés ; et voici comme le savant Sidrac prouva sa thèse :

« J'ai toujours observé que toutes les affaires de ce monde dépendaient de l'opinion et de la volonté d'un principal personnage, soit roi, soit premier ministre, soit premier commis : or cette opinion et cette volonté sont l'effet immédiat de la manière dont les esprits animaux se filtrent dans le cervelet, et de là dans la moelle allongée : ces esprits animaux dépendent de la circulation du sang ; ce sang dépend de la formation du chyle ; ce chyle s'élabore dans le réseau du mésentère ; ce mésentère est attaché aux intestins par des filets très déliés ; ces intestins, s'il m'est permis de le dire, sont remplis de merde : or, malgré les trois fortes tuniques dont chaque intestin est vêtu, il est percé comme un crible : car tout est à jour dans la nature, et il n'y a grain de sable si imperceptible qui n'ait plus de cinq cents pores. On ferait

passer mille aiguilles à travers un boulet de canon
si on en trouvait d'assez fines et d'assez fortes.
Qu'arrive-t-il donc à un homme constipé ? Les élé-
ments les plus ténus, les plus délicats, de sa merde,
se mêlent au chyle dans les veines d'Asellius, vont
à la veine-porte et dans le réservoir de Pecquet ;
ils passent dans la sous-clavière ; ils entrent dans
le cœur de l'homme le plus galant, de la femme la
plus coquette. C'est une rosée d'étron desséché
qui court dans tout son corps. Si cette rosée
inonde les parenchymes, les vaisseaux et les
glandes d'un atrabilaire, sa mauvaise humeur
devient férocité ; le blanc de ses yeux est d'un
sombre ardent ; ses lèvres sont collées l'une sur
l'autre ; la couleur de son visage a des teintes
brouillées ; il semble qu'il vous menace : ne l'ap-
prochez pas, et, si c'est un ministre d'État, gar-
dez-vous de lui présenter une requête ; il ne regarde
tout papier que comme un secours dont il voudrait
bien se servir selon l'ancien et abominable usage
des gens d'Europe. Informez-vous adroitement
de son valet de chambre favori si Monseigneur a
poussé sa selle le matin.

« Ceci est plus important qu'on ne pense. La
constipation a produit quelquefois les scènes les
plus sanglantes. Mon grand-père, qui est mort
centenaire, était apothicaire de Cromwell ; il m'a
conté souvent que Cromwell n'avait pas été à la
garde-robe depuis huit jours lorsqu'il fit couper la
tête à son roi.

« Tous les gens un peu instruits des affaires du

continent savent que l'on avertit souvent le duc de Guise le Balafré de ne pas fâcher Henri III en hiver pendant un vent de nord-est. Ce monarque n'allait alors à la garde-robe qu'avec une difficulté extrême. Ses matières lui montaient à la tête ; il était capable, dans ces temps-là, de toutes les violences. Le duc de Guise ne crut pas un si sage conseil : que lui en arriva-t-il ? son frère et lui furent assassinés.

« Charles IX, son prédécesseur, était l'homme le plus constipé de son royaume. Les conduits de son côlon et de son rectum étaient si bouchés qu'à la fin son sang jaillit par ses pores. On ne sait que trop que ce tempérament aduste fut une des principales causes de la Saint-Barthélemy.

« Au contraire, les personnes qui ont de l'embonpoint, les entrailles veloutées, le cholédoque coulant, le mouvement péristaltique aisé et régulier, qui s'acquittent tous les matins, dès qu'elles ont déjeuné, d'une bonne selle aussi aisément qu'on crache ; ces personnes favorites de la nature sont douces, affables, gracieuses, prévenantes, compatissantes, officieuses. Un *non* dans leur bouche a plus de grâce qu'un *oui* dans la bouche d'un constipé.

« La garde-robe a tant d'empire qu'un dévoiement rend souvent un homme pusillanime. La dysenterie ôte le courage. Ne proposez pas à un homme affaibli par l'insomnie, par une fièvre lente, et par cinquante déjections putrides, d'aller attaquer une demi-lune en plein jour. C'est pourquoi je ne puis croire que toute notre armée eut la dysenterie à la bataille d'Azincourt, comme on le dit, et qu'elle remporta la victoire culottes bas. Quelques soldats auront eu le dévoiement pour s'être gorgés de mauvais raisins dans la route, et les historiens auront dit que toute l'armée malade se battit à cul nu ; et que, pour ne pas le montrer aux petits-maîtres français, elle les battit à *plate couture*, selon l'expression du jésuite Daniel.

Et voilà justement comme on écrit l'histoire.

« C'est ainsi que les Français ont tous répété, les uns après les autres, que notre grand Édouard III se fit livrer six bourgeois de Calais, la corde au cou, pour les faire pendre, parce qu'ils avaient osé soutenir le siège avec courage, et que sa femme obtint enfin leur pardon par ses larmes. Ces romanciers ne savent pas que c'était la coutume dans ces temps barbares que les bourgeois se présentassent devant leur vainqueur, la corde au cou, quand ils l'avaient arrêté trop longtemps devant une bicoque. Mais certainement le généreux Édouard n'avait nulle envie de serrer le cou de ces six otages, qu'il combla de présents et d'honneurs. Je suis las de toutes les fadaises dont tant d'historiens prétendus ont farci leurs chroniques, et de toutes les batailles qu'ils ont si mal décrites. J'aime autant croire que Gédéon remporta une victoire signalée avec trois cents cruches. Je ne lis plus, Dieu merci, que l'histoire naturelle, pourvu qu'un Burnet, et un Whiston, et un Woodward, ne m'ennuient plus de leurs maudits systèmes ;

qu'un Maillet ne me dise plus que la mer d'Irlande
a produit le mont Caucase, et que notre globe est
de verre ; pourvu qu'on ne me donne pas de petits
joncs aquatiques pour des animaux voraces, et le
corail pour des insectes ; pourvu que des charlatans ne me donnent pas insolemment leurs rêveries pour des vérités. Je fais plus de cas d'un bon
régime qui entretient mes humeurs en équilibre,
et qui me procure une digestion louable et un som-
meil plein. Buvez chaud quand il gèle, buvez frais
dans la canicule ; rien de trop ni de trop peu en
tout genre ; digérez, dormez, ayez du plaisir, et
moquez-vous du reste. »

CHAPITRE VIII

Comme M. Sidrac proférait ces sages paroles, on vint avertir M. Goudman que l'intendant du feu comte de Chesterfield était à la porte dans son carrosse, et demandait à lui parler pour une affaire très pressante. Goudman court pour recevoir les ordres de monsieur l'intendant, qui, l'ayant prié de monter, lui dit :

« Monsieur, vous savez sans doute ce qui arriva à M. et Mme Sidrac la première nuit de leurs noces ?

— Oui, Monsieur ; il me contait tout à l'heure cette petite aventure.

— Eh bien ! il en est arrivé tout autant à la belle Mlle Fidler et à monsieur le curé, son mari. Le lendemain ils se sont battus ; le surlendemain ils se sont séparés, et on a ôté à monsieur le curé son bénéfice. J'aime la Fidler, je sais qu'elle vous aime ; elle ne me hait pas. Je suis au-dessus de la petite disgrâce qui est cause de son divorce ; je suis amoureux et intrépide. Cédez-moi miss Fidler, et je vous fais avoir la cure, qui vaut cent cinquante guinées de revenu. Je ne vous donne que dix minutes pour y rêver.

— Monsieur, la proposition est délicate : je vais consulter mes philosophes Sidrac et Grou ; je suis à vous sans tarder. »

Il revole à ses deux conseillers. « Je vois, dit-il,

que la digestion ne décide pas seule des affaires
de ce monde, et que l'amour, l'ambition et l'argent y ont beaucoup de part. » Il leur expose le
cas et les prie de le déterminer sur-le-champ. Tous
deux conclurent qu'avec cent cinquante guinées il
aurait toutes les filles de sa paroisse, et encore
miss Fidler par-dessus le marché.

Goudman sentit la sagesse de cette décision;
il eut la cure, il eut miss Fidler en secret, ce qui
était bien plus doux que de l'avoir pour femme.
M. Sidrac lui prodigua ses bons offices dans l'occasion. Il est devenu un des plus terribles prêtres
de l'Angleterre, et il est plus persuadé que jamais
de la fatalité qui gouverne toutes les choses de ce
monde.

PIÈCES AJOUTÉES

DANS L'ÉDITION DES

ROMANS ET CONTES

DE 1778

LE ROI DE BOUTAN

JUSQU'A QUEL POINT ON DOIT TROMPER LE PEUPLE

C'EST une très grande question, mais peu agitée, de savoir jusqu'à quel degré le peuple, c'est-à-dire neuf parts du genre humain sur dix, doit être traité comme des singes. La partie trompante n'a jamais bien examiné ce problème délicat; et de peur de se méprendre au calcul, elle a accumulé tout le plus de visions qu'elle a pu dans les têtes de la partie trompée.

Les honnêtes gens qui lisent quelquefois Virgile ou les *Lettres provinciales*, ne savent pas qu'on tire vingt fois plus d'exemplaires de l'*Almanach de Liège* et du *Courrier boiteux*, que de tous les bons livres anciens et modernes. Personne assurément n'a une vénération plus sincère que moi pour les illustres auteurs de ces almanachs et pour leurs confrères. Je sais que depuis le temps des anciens Chaldéens il y a des jours et des moments marqués pour prendre médecine, pour se couper les ongles, pour donner bataille, et pour fendre du bois. Je sais que le plus fort revenu, par exemple, d'une illustre académie consiste dans la vente des almanachs de cette espèce. Oserai-je, avec toute la soumission possible, et toute la défiance que j'ai de mon avis, demander quel mal il arriverait au genre humain, si quelque puissant astrologue apprenait aux paysans et aux bons bourgeois des petites villes, qu'on peut, sans rien risquer, se couper les ongles quand on veut, pourvu que ce soit dans une bonne intention? Le peuple, me répondra-t-on, ne prendrait point des almanachs de ce nouveau venu. J'ose présumer au contraire qu'il se trouverait parmi le peuple de grands génies qui se feraient un mérite de suivre cette nouveauté. Si on me réplique que ces grands génies feraient des factions et allumeraient une guerre civile, je n'ai plus rien à dire, et j'abandonne pour le bien de la paix mon opinion hasardée.

Tout le monde connaît le roi de Boutan. C'est un des plus grands princes du monde. Il foule à ses pieds les trônes de la terre; et ses souliers, s'il en a, ont des sceptres pour agrafes. Il adore le diable, comme on sait, et lui est fort dévot, aussi bien que sa cour. Il fit venir un jour un fameux sculpteur de mon pays pour lui faire une belle statue de Belzébuth. Le sculpteur réussit parfaitement; jamais le diable n'a été si beau : mais malheureusement notre Praxitèle n'avait donné que cinq griffes à son animal, et les Boutaniers lui en donnaient toujours six. Cette énorme faute du sculpteur fut relevée par le grand maître des cérémonies du diable, avec tout le zèle d'un homme justement jaloux des droits de son patron et de l'usage immémorial et sacré du royaume de Boutan. Il demanda la tête du sculpteur. Celui-ci répondit que ces cinq griffes pesaient tout juste le poids des six griffes ordinaires ; et le roi de Boutan, qui est fort indulgent, lui fit grâce. Depuis ce temps, le peuple de Boutan fut détrompé sur les six griffes du diable.

Le même jour Sa Majesté eut besoin d'être saignée : un chirurgien gascon qui était venu à sa cour dans un vaisseau de notre compagnie des Indes, fut nommé pour tirer cinq onces de ce sang précieux. L'astrologue de quartier cria que la vie du roi était en danger, si on le saignait dans l'état où était le ciel. Le Gascon pouvait lui répondre qu'il ne s'agissait que de l'état où était le roi de Boutan, mais il attendit prudemment quelques minutes ; et prenant son almanach : « Vous avez raison, grand homme, dit-il à l'aumônier de quartier, le roi serait mort si on l'avait saigné dans l'instant où vous parliez ; le ciel a changé depuis ce temps-là, et voici le moment favorable. » L'aumônier en convint. Le roi fut guéri, et petit à petit on s'accoutuma à saigner les rois quand ils en avaient besoin.

Un brave dominicain disait à Rome à un philosophe anglais : « Vous êtes un chien, vous enseignez que c'est la terre qui tourne, et vous ne songez pas que Josué arrêta le soleil. — Eh ! mon révérend père, répondit l'autre, c'est aussi depuis ce temps-là que le soleil est immobile. » Le dominicain et le chien s'embrassèrent, et on osa croire enfin, même en Italie, que la terre tourne.

Un augure se lamentait du temps de César avec un sénateur sur la décadence de la république. « Il

est vrai que les temps sont bien funestes, disait le
sénateur; il faut trembler pour la liberté romaine.
— Ah! ce n'est pas là le plus grand mal, disait
l'augure; on commence à n'avoir plus pour nous
ce respect qu'on avait autrefois; il semble qu'on
nous tolère, nous cessons d'être nécessaires. Il y
a des généraux qui osent donner bataille sans
nous consulter, et pour comble de malheur, ceux
qui nous vendent les poulets sacrés commencent à
raisonner. — Eh bien! que ne raisonnez-vous
aussi? répliqua le sénateur; et puisque les vendeurs de poulets du temps de César en savent plus
que ceux du temps de Numa, ne faut-il pas que
vous autres, augures d'aujourd'hui, vous soyez plus
philosophes que ceux d'autrefois? »

AUTRE TEMPS
AUTRE FAÇON DE VOIR

HISTOIRE D'ARDASSAN OUGLI

Que je suis malheureux d'être né ! disait Ardassan Ougli, jeune icoglan du grand padisha des Turcs. Encore si je ne dépendais que du grand padisha ; mais je suis soumis au chef de mon oda, au capigi bachi ; et quand je veux recevoir ma paie, il faut que je me prosterne devant un commis du tefterdar, qui m'en retranche la moitié. Je n'avais pas sept ans que l'on me coupa, malgré moi, en cérémonie, le bout de mon prépuce, et j'en fus malade quinze jours. Le derviche qui nous fait la prière est mon maître ; un iman est encore plus mon maître ; le mollah l'est encore plus que l'iman. Le cadi est un autre maître ; le cadilesquier l'est davantage ; le muphti l'est beaucoup plus que tous ceux-là ensemble. Le kiaïa du grand vizir peut d'un mot me faire jeter dans le canal ; et le grand vizir peut enfin me faire serrer le cou à son plaisir, et empailler la peau de ma tête, sans que personne y prenne seulement garde.

« Que de maîtres, grand Dieu ! quand j'aurais autant de corps et autant d'âmes que j'ai de devoirs à remplir, je n'y pourrais pas suffire. O Allah ! que ne m'as-tu fait chat-huant ! je vivrais libre

dans mon trou, et je mangerais des souris à mon
aise sans maître et sans valets. C'est assurément
la vraie destinée de l'homme; il n'a des maîtres
que depuis qu'il est perverti. Nul homme n'était
fait pour servir continuellement un autre homme.
Chacun aurait charitablement aidé son prochain,
si les choses étaient dans l'ordre. Le clairvoyant
aurait conduit l'aveugle, le dispos aurait servi de
béquilles au cul-de-jatte. Ce monde aurait été le
paradis de Mahomet; et il est l'enfer qui se trouve
précisément sur le pont-aigu. »

Ainsi parlait Ardassan Ougli, après avoir reçu
les étrivières de la part d'un de ses maîtres.

Ardassan Ougli, au bout de quelques années,
devint bacha à trois queues. Il fit une fortune prodigieuse, et il crut fermement que tous les hommes,
excepté le Grand Turc et le grand vizir, étaient nés
pour le servir, et toutes les femmes pour lui donner du plaisir selon ses volontés.

CONTES ARABES
ET INDIENS

Autant les Arabes du désert étaient voleurs, autant ceux de Maden, de Naïd, de Sanaa, étaient généreux. Un ami était déshonoré dans ces pays quand il avait refusé des secours à un ami.

Dans leur recueil de vers intitulé *Tograïd*, il est rapporté qu'un jour, dans la cour du temple de la Mecque, trois Arabes disputaient sur la générosité et l'amitié, et ne pouvaient convenir qui méritait la préférence de ceux qui donnaient alors les plus grands exemples de ces vertus. Les uns tenaient pour Abdallah, fils de Giafar, oncle de Mahomet; les autres pour Kaïs, fils de Saad; et d'autres pour Arabad, de la tribu d'As. Après avoir bien disputé, ils convinrent d'envoyer un ami d'Abdallah vers lui, un ami de Kaïs vers Kaïs, et un ami d'Arabad vers Arabad, pour les éprouver tous trois et venir ensuite faire leur rapport à l'assemblée.

L'ami d'Abdallah courut donc à lui, et lui dit : « Fils de l'oncle de Mahomet, je suis en voyage et je manque de tout. » Abdallah était monté sur son chameau chargé d'or et de soie; il en descendit au plus vite, lui donna son chameau, et s'en retourna à pied à la maison.

Le second alla s'adresser à son ami Kaïs, fils de

Saad. Kaïs dormait encore ; un de ses domestiques demande au voyageur ce qu'il désire. Le voyageur répond qu'il est l'ami de Kaïs, et qu'il a besoin de secours. Le domestique lui dit : « Je ne veux pas éveiller mon maître, mais voilà sept mille pièces d'or, c'est tout ce que nous avons à présent dans la maison ; prenez encore un chameau dans l'écurie avec un esclave ; je crois que cela vous suffira jusqu'à ce que vous soyez arrivé chez vous. » Lorsque Kaïs fut éveillé, il gronda beaucoup le domestique de n'avoir pas donné davantage.

Le troisième alla trouver son ami Arabad de la tribu d'As. Arabad était aveugle, et il sortait de sa maison, appuyé sur deux esclaves, pour aller prier Dieu au temple de la Mecque ; dès qu'il eut entendu la voix de l'ami, il lui dit : « Je n'ai de bien que mes deux esclaves, je vous prie de les prendre et de les vendre ; j'irai au temple comme je pourrai avec mon bâton. »

Les trois disputeurs étant revenus à l'assemblée, racontèrent fidèlement ce qui leur était arrivé. On donna beaucoup de louanges à Abdallah, fils de Giafar, à Kaïs, fils de Saad, et à Arabad de la tribu d'As ; mais la préférence fut pour Arabad.

Les Arabes ont plusieurs contes de cette espèce. Nos nations occidentales n'en ont point, nos romans ne sont pas dans ce goût. Nous en avons plusieurs qui ne roulent que sur des friponneries, comme ceux de Boccace, *Gusman d'Alfarache*, *Gil Blas*, etc.

⚹
⚹ ⚹

… Aux Indes, en Perse, à la Chine, on lit mille histoires à peu près semblables aux nôtres, non seulement sur les choses de la religion, mais en morale et même en fait de romans. Le conte de la *Matrone d'Éphèse*, celui de *Joconde* sont écrits dans les plus anciens livres orientaux.

On trouve l'aventure d'*Amphitryon* parmi les plus vieilles fables des brachmanes. Il y a même, ce me semble, plus de sagacité dans le dénoûment de l'aventure indienne que dans celui de la grecque. Un Indou d'une force extraordinaire avait une très belle femme ; il en fut jaloux, la battit, et s'en alla. Un égrillard de dieu, non pas un Brama ou un Vishnou, mais un dieu du bas étage, et cependant fort puissant, fait passer son âme dans un corps exactement semblable à celui du mari fugitif, et se présente sous cette figure à la dame délaissée. La doctrine de la métempsychose rendait cette supercherie vraisemblable. Le dieu amoureux demande pardon à sa prétendue femme de ses emportements, obtient sa grâce, couche avec elle, lui fait un enfant, et reste le maître de la maison. Le mari, repentant et toujours amoureux de sa femme, revient se jeter à ses pieds : il trouve un autre lui-même établi chez lui. Il est traité par cet autre d'imposteur et de sorcier. Cela forme un procès tout semblable à celui de notre Martin-Guerre. L'affaire se plaide devant le parlement de Bénarès. Le premier président était un brachmane qui devina tout d'un coup que l'un des deux maîtres de la maison était une dupe, et que l'autre était un dieu. Voici comme il s'y prit pour faire connaître le véritable mari : « Votre époux, madame, dit-il, est le plus robuste de l'Inde : couchez avec les deux parties l'une après l'autre en présence de notre parlement indien ; celui des deux qui aura fait éclater les plus nombreuses marques de valeur sera sans doute votre mari. » Le mari en donna douze ; le fripon en donna cinquante. Tout le parlement brame décida que l'homme aux cinquante était le vrai possesseur de la dame. « Vous vous trompez tous, répondit le premier président : l'homme aux douze est un héros, mais il n'a pas passé les forces de la nature humaine : l'homme aux cinquante ne peut être qu'un dieu qui s'est moqué de nous. » Le dieu avoua tout, et s'en retourna au ciel en riant.

De pareils contes, dont l'Inde fourmille, ont du moins cela de bon qu'ils peuvent tenir une nation entière dans une douce joie, ainsi que les métamorphoses recueillies et embellies par Ovide. Ils n'excitent point de querelles, et la moitié d'un peuple ne persécute point l'autre pour la forcer à croire que la fable des deux maris indiens est prise des deux *Amphitryons* et des deux *Sosies*.

LE DANGER
D'AVOIR RAISON

Dans le temps que toute la France était folle du système de Law, et qu'il était contrôleur général, un homme qui avait toujours raison vint lui dire, en présence d'une grande assemblée :

« Monsieur, vous êtes le plus grand fou, le plus grand sot ou le plus grand fripon qui ait encore paru parmi nous ; et c'est beaucoup dire : voici comme je le prouve. Vous avez imaginé qu'on peut décupler les richesses d'un état avec du papier ; mais ce papier ne pouvant représenter que l'argent, représentatif de vraies richesses, qui sont les productions de la terre et des manufactures, il faudrait que vous eussiez commencé par nous donner dix fois plus de blé, de vin, de drap et de toile, etc. Ce n'est pas assez, il faudrait être sûr du débit. Or vous faites dix fois plus de billets que nous n'avons d'argent et de denrées ; donc vous êtes dix fois plus extravagant, ou plus inepte, ou plus fripon que tous les contrôleurs ou surintendants qui vous ont précédé. Voici d'abord comme je prouve ma majeure. »

A peine avait-il commencé sa majeure qu'il fut conduit à Saint-Lazare.

Quant il fut sorti de Saint-Lazare, où il étudia beaucoup et où il fortifia sa raison, il alla à Rome ;

il demanda une audience publique au pape, à condition qu'on ne l'interromprait point dans sa harangue, et il lui parla en ces termes :

« Saint-Père, vous êtes un antechrist, et voici comme je le prouve à Votre Sainteté. J'appelle antechrist ou antichrist, selon la force du mot, celui qui fait tout le contraire de ce que le Christ a fait et commandé. Or le Christ a été pauvre, et vous êtes très riche ; il a payé le tribut, et vous exigez des tributs ; il a été soumis aux puissances, et vous êtes devenu puissance ; il marchait à pied et vous allez à Castel-Gondolfe dans un équipage somptueux ; il mangeait de tout ce qu'on voulait bien lui donner, et vous voulez que nous mangions du poisson le vendredi et le samedi, quand nous habitons loin de la mer et des rivières ; il a défendu à Simon Barjone de se servir de l'épée, et vous avez des épées à votre service, etc., etc., etc. Donc en ce sens Votre Sainteté est antechrist. Je vous révère fort en tout autre sens, et je vous demande une indulgence *in articulo mortis.* »

On mit mon homme au château Saint-Ange.

Quand il fut sorti du château Saint-Ange, il courut à Venise, et demanda à parler au doge. « Il faut, lui dit-il, que Votre Sérénité soit un grand extravagant d'épouser tous les ans la mer : car, premièrement, on ne se marie qu'une fois avec la même personne ; secondement, votre mariage ressemble à celui d'Arlequin, lequel était moitié fait, attendu qu'il ne manquait que le consentement de la future ; troisièmement, qui vous a dit qu'un jour d'autres puissances maritimes ne vous déclareraient pas inhabile à consommer le mariage ! » Il dit et on l'enferma dans la tour Saint-Marc. Quand il fut sorti de la tour Saint-Marc, il fit voile vers la Morée, et débarqua dans une petite anse dont la côte était couverte d'oliviers et de figuiers. Après avoir marché quelque temps à travers des débris de colonnes et de frontons renversés, il arriva dans un méchant bourg nommé Setine. Il s'y arrêta quelques jours. « Est-il possible, dit-il à un papas avec lequel il parcourait ces ruines, que je sois dans le pays des Miltiade, des Aristide et des Thémistocle, des Socrate, des Xénophon et des Démosthène, et que je n'y trouve plus ni sciences, ni vertus ? Ne rougissez-vous pas d'habiter les mêmes lieux que ces grands personnages, et d'être les plus lâches et les plus ignorants de tous les hommes ? La Grèce, la patrie de la liberté, la Grèce, qui, avec une poignée de citoyens, fit trembler l'Asie, n'est donc à présent peuplée que de vils esclaves ! » Le papas, qui ne savait pas un mot d'histoire, ne répliqua rien ; mais, comme il crut s'apercevoir que ces paroles n'étaient rien moins que flatteuses, il se plaignit au cadi, qui fit donner cent coups de bâton sous la plante des pieds du raisonneur.

Après avoir reçu cette légère correction, il se rendit à Constantinople ; il eut audience du muphti, et lui parla en ces termes : « Votre religion, quoiqu'elle ait de bonnes choses, comme l'adoration du grand Être, et la nécessité d'être juste et charitable, n'est d'ailleurs qu'un réchauffé de judaïsme, et un ramas ennuyeux de contes de ma Mère l'oie. Si l'archange Gabriel avait apporté de quelques planètes les feuilles du *Koran* à Mahomet, toute l'Arabie aurait vu descendre Gabriel : personne ne l'a vu ; donc Mahomet n'était qu'un imposteur hardi qui trompa des imbéciles. »

A peine eut-il prononcé ces paroles qu'il fut empalé. Cependant il avait eu toujours raison.

VOYAGE AU CIEL

L E 18 février de l'an 1763 de l'ère vulgaire, le
soleil entrant dans le signe des Poissons, je fus
transporté au ciel, comme le savent tous mes
amis. Ce ne fut point la jument Borac de Mahomet qui fut ma monture, ce ne fut point le char
enflammé d'Élie qui fut ma voiture ; je ne fus porté
ni sur l'éléphant de Sammonocodom le Siamois, ni
sur le cheval de saint George, patron de l'Angleterre, ni sur le cochon de saint Antoine : j'avoue
avec ingénuité que mon voyage se fit je ne sais
comment.

On croira bien que je fus ébloui, mais ce qu'on
ne croira pas, c'est que je vis juger tous les morts.
Et qui étaient les juges ? C'étaient, ne vous en
déplaise, tous ceux qui ont fait du bien aux hommes,
Confucius, Solon, Socrate, Titus, les Antonins,
Épictète, Charron, De Thou, le chancelier de
l'Hospital ; tous les grands hommes qui, ayant
enseigné et pratiqué les vertus que Dieu exige,
semblent seuls être en droit de prononcer ses
arrêts.

Je ne dirai point sur quels trônes ils étaient
assis, ni combien de millions d'êtres célestes
étaient prosternés devant l'éternel architecte de
tous les globes, ni quelle foule d'habitants de ces
globes innombrables comparut devant les juges.
Je ne rendrai compte ici que de quelques petites

particularités tout à fait intéressantes dont je fus frappé.

Je remarquai que chaque mort qui plaidait sa cause, et qui étalait ses beaux sentiments, avait à côté de lui tous les témoins de ses actions. Par exemple, quand le cardinal de Lorraine se vantait d'avoir fait adopter quelques-unes de ses opinions par le concile de Trente, et que, pour prix de son orthodoxie, il demandait la vie éternelle, tout aussitôt paraissaient autour de lui vingt courtisanes ou dames de la cour, portant toutes sur le front le nombre de leurs rendez-vous avec le cardinal. On voyait ceux qui avaient jeté avec lui les fondements de la Ligue ; tous les complices de ses desseins pervers venaient l'environner.

Vis-à-vis du cardinal de Lorraine était Jean Chauvin, qui se vantait, dans son patois grossier, d'avoir donné des coups de pied à l'idole papale, après que d'autres l'avaient abattue : « J'ai écrit contre la peinture et la sculpture, disait-il, j'ai fait voir évidemment que les bonnes œuvres ne servent à rien du tout, et j'ai prouvé qu'il est diabolique de danser le menuet : chassez vite d'ici le cardinal de Lorraine, et placez-moi à côté de saint Paul. »

Comme il parlait, on vit auprès de lui un bûcher enflammé ; un spectre épouvantable, portant au cou une fraise espagnole à moitié brûlée, sortait du milieu des flammes avec des cris affreux. « Monstre, s'écriait-il, monstre exécrable, tremble ! reconnais ce Servet que tu as fait périr par le plus cruel des supplices, parce qu'il avait disputé contre toi sur la manière dont trois personnes peuvent faire une seule substance. » Alors tous les juges ordonnèrent que le cardinal de Lorraine serait précipité dans l'abîme, mais que Calvin serait puni plus rigoureusement.

Je vis une foule prodigieuse de morts qui disaient : « J'ai cru, j'ai cru », mais sur leur front il était écrit : J'ai fait; et ils étaient condamnés.

Le jésuite Le Tellier paraissait fièrement, la bulle *Unigenitus* à la main. Mais à ses côtés s'éleva tout d'un coup un monceau de deux mille lettres de cachet. Un janséniste y mit le feu : Le Tellier fut brûlé jusqu'aux os, et le janséniste, qui n'avait pas moins cabalé que le jésuite, eut sa part de la brûlure.

Je voyais arriver à droite et à gauche des troupes de fakirs, de talapoins, de bonzes, de moines blancs, noirs et gris, qui s'étaient tous imaginé que, pour faire leur cour à l'Être suprême, il fallait ou chanter, ou se fouetter, ou marcher tout nus. J'entendis une voix terrible qui leur demandait : « Quel bien avez-vous fait aux hommes? » A cette voix succéda un morne silence; aucun d'eux n'osa répondre, et ils furent tous conduits aux Petites-Maisons de l'univers : c'est un des plus grands bâtiments qu'on puisse imaginer.

L'un criait : « C'est aux métamorphoses de Xaca qu'il faut croire » ; l'autre : « C'est à celle de Sammonocodom. — Bacchus arrêta le soleil et la lune, disait celui-ci. — Les dieux ressuscitèrent Pélops, disait celui-là. — Voici la bulle *in*

Cœnâ Domini, » disait un nouveau venu ; et l'huissier des juges criait : « Aux Petites-Maisons, aux Petites-Maisons ! »

Quand tous ces procès furent vidés, j'entendis alors promulguer cet arrêt : DE PAR L'ÉTERNEL, CRÉATEUR, CONSERVATEUR, RÉMUNÉRATEUR, VENGEUR, PARDONNEUR, etc., etc., soit notoire à tous les habitants des cent mille millions de milliards de mondes qu'il nous a plu de former, que nous ne jugerons jamais aucun desdits habitants sur leurs idées creuses, mais uniquement sur leurs actions ; car telle est notre justice.

J'avoue que ce fut la première fois que j'entendis un tel édit : tous ceux que j'avais lus sur le petit grain de sable où je suis né finissaient par ces mots : *Car tel est notre plaisir.*

LE HIBOU
ET LES OISEAUX

Un aigle gouvernait les oiseaux de tout le pays d'Ornithie. Il est vrai qu'il n'avait d'autre droit que celui de son bec et de ses serres. Mais enfin, après avoir pourvu à ses repas et à ses plaisirs, il gouverna aussi bien qu'un autre oiseau de proie.

Dans sa vieillesse, il fut assailli par des vautours affamés qui vinrent du fond du Nord désoler toutes les provinces de l'aigle. Parut alors un chat-huant, né dans un des plus chétifs buissons de l'empire, et qu'on avait longtemps appelé *lucifugax*. Il était rusé ; il s'associa avec des chauves-souris ; et tandis que les vautours se battaient contre l'aigle, notre hibou et sa troupe entrèrent habilement en qualité de pacificateurs dans l'aire qu'on se disputait.

L'aigle et les vautours, après une assez longue guerre, s'en rapportèrent à la fin au hibou, qui avec sa physionomie grave sut en imposer aux deux partis.

Il persuada à l'aigle et au vautour de se laisser rogner un peu les ongles, et couper le petit bout du bec, pour se mieux concilier ensemble. Avant ce temps le hibou avait toujours dit aux oiseaux :

« Obéissez à l'aigle »; ensuite il avait dit : « Obéissez aux vautours. » Il dit bientôt : « Obéissez à
moi seul. » Les pauvres oiseaux ne surent à qui
entendre ; ils furent plumés par l'aigle, le vautour,
le chat-huant et les chauves-souris. *Qui habet aures
audiat* (Saint Matth., XI, 15).

PIÈCES

ET

FANTAISIES DIVERSES

FEMMES
SOYEZ SOUMISES A VOS MARIS

L'ABBÉ de Châteauneuf me contait un jour que madame la maréchale de Grancey était fort impérieuse ; elle avait d'ailleurs de très grandes qualités. Sa plus grande fierté consistait à se respecter soi-même, à ne rien faire dont elle pût rougir en secret ; elle ne s'abaissa jamais à dire un mensonge : elle aimait mieux avouer une vérité dangereuse que d'user d'une dissimulation utile ; elle disait que la dissimulation marque toujours de la timidité. Mille actions généreuses signalèrent sa vie ; mais quand on l'en louait, elle se croyait méprisée, elle disait : « Vous pensez donc que ces actions m'ont coûté des efforts. » Ses amants l'adoraient, ses amis la chérissaient, et son mari la respectait.

Elle passa quarante années dans cette dissipation, et dans ce cercle d'amusements qui occupent sérieusement les femmes ; n'ayant jamais rien lu que les lettres qu'on lui écrivait, n'ayant jamais mis dans sa tête que les nouvelles du jour, les ridicules de son prochain et les intérêts de son cœur. Enfin quand elle se vit à cet âge où l'on dit que les belles femmes qui ont de l'esprit passent d'un trône à l'autre, elle voulut lire. Elle commença par les tragédies de Racine, et fut étonnée de sentir en les lisant encore plus de plaisir qu'elle n'en avait éprouvé à la représentation : le bon goût qui se déployait en elle lui faisait discerner que cet homme ne disait jamais que des choses vraies et intéressantes, qu'elles étaient toutes à leur place ; qu'il était simple et noble, sans déclamation, sans rien de forcé, sans courir après l'esprit, que ses intrigues, ainsi que ses pensées, étaient toutes fondées sur la nature : elle retrouvait dans cette lecture l'histoire de ses sentiments, et le tableau de sa vie.

On lui fit lire Montaigne : elle fut charmée d'un homme qui faisait conversation avec elle, et qui doutait de tout. On lui donna ensuite les grands hommes de Plutarque : elle demanda pourquoi il n'avait pas écrit l'histoire des grandes femmes.

L'abbé de Châteauneuf la rencontra un jour toute rouge de colère. « Qu'avez-vous donc, Madame? lui dit-il. — J'ai ouvert par hasard, répondit-elle, un livre qui traînait dans mon cabinet ; c'est je crois quelque recueil de lettres ; j'y ai vu ces paroles : *Femmes, soyez soumises à vos maris* : j'ai jeté le livre.

— Comment, Madame ! savez-vous bien que ce sont les Épîtres de saint Paul ?

— Il ne m'importe de qui elles sont : l'auteur est très impoli. Jamais M. le Maréchal ne m'a écrit dans ce style : je suis persuadé que votre saint Paul était un homme très difficile à vivre ; était-il marié ?

— Oui, Madame.

— Il fallait que sa femme fût une bien bonne créature : si j'avais été la femme d'un pareil homme, je lui aurais fait voir du pays. *Soyez soumises à vos maris !* Encore s'il s'était contenté de dire, *Soyez douces, complaisantes, attentives, économes,* je dirais : Voilà un homme qui sait vivre ; et pourquoi soumises, s'il vous plaît ? Quand j'épousai M. de Grancey, nous nous promîmes d'être fidèles : je n'ai pas trop gardé ma parole, ni lui la sienne ; mais ni lui ni moi ne promîmes d'obéir. Sommes-nous donc des esclaves ? N'est-ce pas assez qu'un homme, après m'avoir épousée, ait le droit de me donner une maladie de neuf mois, qui quelquefois est mortelle ? N'est-ce pas assez que je mette au jour, avec de très grandes douleurs, un enfant qui pourra me plaider quand il sera majeur ? Ne suffit-il point que je sois sujette tous les mois à des incommodités très désagréables pour une femme de qualité, et que, pour comble, la suppression d'une de ces douze maladies par an soit capable de me donner la mort, sans qu'on vienne me dire encore : *Obéissez ?*

Certainement la nature ne l'a pas dit ; elle nous a fait des organes différents de ceux des hommes ; mais en nous rendant nécessaires les uns aux autres, elle n'a pas prétendu que l'union formât un esclavage. Je me souviens bien que Molière a dit :

Du côté de la barbe est la toute-puissance.

Mais voilà une plaisante raison pour que j'aie un maître ! Quoi ! parce qu'un homme a le menton couvert d'un vilain poil rude, qu'il est obligé de tondre de fort près, et que mon menton est né rasé, il faudra que je lui obéisse très humblement ? Je sais bien qu'en général les hommes ont les muscles plus forts que les nôtres, et qu'ils peuvent donner un coup de poing mieux appliqué : j'ai bien peur que ce ne soit là l'origine de leur supériorité.

Ils prétendent aussi avoir la tête mieux organisée, et, en conséquence, ils se vantent d'être plus capables de gouverner ; mais je leur montrerai des reines qui valent bien des rois. On me parlait ces jours passés d'une princesse allemande qui se lève à cinq heures du matin pour travailler à rendre ses sujets heureux, qui dirige toutes les affaires, répond à toutes les lettres, encourage tous les arts, et qui répand autant de bienfaits qu'elle a de lumière. Son courage égale ses connaissances ; aussi n'a-t-elle pas été élevée dans un couvent par des imbéciles qui nous apprennent ce qu'il faut ignorer, et qui nous laissent ignorer ce qu'il faut apprendre. Pour moi, si j'avais un état à gouverner, je me sens capable d'oser suivre ce modèle. »

L'abbé de Châteauneuf, qui était fort poli, n'eut garde de contredire madame la maréchale.

« A propos, dit-elle, est-il vrai que Mahomet avait pour nous tant de mépris, qu'il prétendait que nous n'étions pas dignes d'entrer au paradis, et que nous ne serions admises qu'à l'entrée ?

— En ce cas, dit l'abbé, les hommes se tiendront toujours à la porte ; mais consolez-vous, il n'y a

pas un mot de vrai dans tout ce qu'on dit ici de la
religion mahométane. Nos moines ignorants et méchants nous ont bien trompés, comme le dit mon
frère, qui a été douze ans ambassadeur à la Porte.

— Quoi! il n'est pas vrai, Monsieur, que Mahomet ait inventé la pluralité des femmes, pour
mieux s'attacher les hommes? Il n'est pas vrai
que nous soyons esclaves en Turquie, et qu'il nous
soit défendu de prier Dieu dans une mosquée?

— Pas un mot de tout cela, Madame; Mahomet,
loin d'avoir imaginé la polygamie, l'a réprimée et
restreinte. Le sage Salomon possédait sept cents
épouses. Mahomet a réduit ce nombre à quatre
seulement. Mesdames iront en paradis tout comme
messieurs, et sans doute on y fera l'amour; mais
d'une autre manière qu'on ne le fait ici; car vous
sentez bien que nous ne connaissons l'amour dans
ce monde que très imparfaitement.

— Hélas! vous avez raison, dit la maréchale:
l'homme est bien peu de chose. Mais, dites-moi,
votre Mahomet a-t-il ordonné que les femmes
fussent soumises à leurs maris?

— Non, Madame, cela ne se trouve point dans
l'*Alcoran*.

— Pourquoi donc sont-elles esclaves en Turquie?

— Elles ne sont point esclaves, elles ont leurs
biens, elles peuvent tester, elles peuvent demander
un divorce dans l'occasion; elles vont à la mosquée
à leurs heures, et à leurs rendez-vous à d'autres
heures; on les voit dans les rues avec leurs voiles

sur le nez, comme vous aviez votre masque il y a quelques années. Il est vrai qu'elles ne paraissent ni à l'Opéra ni à la Comédie ; mais c'est parce qu'il n'y en a point. Doutez-vous que si jamais dans Constantinople, qui est la patrie d'Orphée, il y avait un Opéra, les dames turques ne remplissent les premières loges ?

— *Femmes soyez soumises à vos maris !* disait toujours la maréchale entre ses dents. Ce Paul était bien brutal.

— Il était un peu dur, repartit l'abbé, et il aimait fort à être le maître : il traita du haut en bas saint Pierre qui était un assez bon homme. D'ailleurs, il ne faut pas prendre au pied et à la lettre ce qu'il dit. On lui reproche d'avoir eu beaucoup de penchant pour le jansénisme.

— Je me doutais bien que c'était un hérétique », dit la maréchale, et elle se remit à sa toilette.

DE L'HORRIBLE DANGER
DE LA LECTURE

Nous Joussof-Chéribi, par la grâce de Dieu mouphti du Saint-Empire ottoman, lumière des lumières, élu entre les élus, à tous les fidèles qui ces présentes verront, sottise et bénédiction.

Comme ainsi soit que Saïd Effendi, ci-devant ambassadeur de la Sublime Porte vers un petit état nommé *Frankrom*, situé entre l'Espagne et l'Italie, a rapporté parmi nous le pernicieux usage de l'imprimerie, ayant consulté sur cette nouveauté nos vénérables frères les cadis et imans de la ville impériale de Stamboul, et surtout les fakirs connus pour leur zèle contre l'esprit, il a semblé bon à Mahomet et à nous de condamner, proscrire, anathématiser ladite infernale invention de l'imprimerie pour les causes ci-dessous énoncées.

1° Cette facilité de communiquer ses pensées tend évidemment à dissiper l'ignorance, qui est la gardienne et la sauvegarde des états bien policés.

2° Il est à craindre que parmi les livres apportés d'Occident, il ne s'en trouve quelques-uns sur l'agriculture et sur les moyens de perfectionner les arts mécaniques, lesquels ouvrages pourraient à la longue, ce qu'à Dieu ne plaise, réveiller le génie de nos cultivateurs et de nos manufacturiers, exciter leur industrie, augmenter leurs richesses, et leur inspirer un jour quelque élévation d'âme, quelque amour du bien public, sentiments absolument opposés à la saine doctrine.

3° Il arriverait à la fin que nous aurions des livres d'histoire dégagés du merveilleux qui entretient la nation dans une heureuse stupidité. On aurait dans ces livres l'imprudence de rendre justice aux bonnes et aux mauvaises actions, et de recommander l'équité et l'amour de la patrie, ce qui est visiblement contraire aux droits de notre place.

4° Il se pourrait, dans la suite des temps, que de misérables philosophes, sous le prétexte spécieux, mais punissable, d'éclairer les hommes, et de les rendre meilleurs, viendraient nous enseigner les vertus dangereuses dont le peuple ne doit jamais avoir la connaissance.

5° Ils pourraient, en augmentant le respect qu'ils ont pour Dieu, et en imprimant scandaleusement qu'il remplit tout de sa présence, diminuer le nombre des pèlerins à la Mecque, au grand détriment du salut des âmes.

6° Il arriverait, sans doute, qu'à force de lire les auteurs occidentaux qui ont traité des maladies contagieuses, et de la manière de les prévenir, nous serions assez malheureux pour nous garantir de la peste, ce qui serait un attentat énorme contre les ordres de la Providence.

A ces causes et autres, pour l'édification des fidèles, et pour le bien de leurs âmes, nous leur défendons de jamais lire aucun livre, sous peine de damnation éternelle. Et, de peur que la tentation diabolique ne leur prenne de s'instruire, nous défendons aux pères et aux mères d'enseigner à lire à leurs enfants. Et, pour prévenir toute contravention à notre ordonnance, nous leur défendons expressément de penser, sous les mêmes peines; enjoignons à tous les vrais croyants de dénoncer à notre officialité quiconque aurait prononcé quatre phrases liées ensemble, desquelles on pourrait inférer un sens clair et net. Ordonnons que dans toutes les conversations on ait à se servir de termes qui ne signifient rien, selon l'ancien usage de la Sublime Porte.

Et pour empêcher qu'il n'entre quelque pensée en contrebande dans la sacrée ville impériale, commettons spécialement le premier médecin de sa Hautesse, né dans un marais de l'Occident septentrional; lequel médecin, ayant déjà tué quatre personnes augustes de la famille ottomane, est intéressé plus que personne à prévenir toute introduction de connaissances dans le pays : lui donnons pouvoir, par ces présentes, de faire saisir toute idée qui se présenterait par écrit ou de bouche aux portes de la ville, et nous amener ladite idée pieds et poings liés, pour lui être infligé par nous tel châtiment qu'il lui plaira.

Donné dans notre palais de la stupidité, le 7 de la lune de Muharem, l'an 1143 de l'hégire.

TIMON

Dieu merci! J'ai brûlé tous mes livres, me dit hier Timon. — Quoi! tous sans exception? passe encore pour le *Journal de Trévoux*, les romans du temps et les pièces nouvelles : mais que vous ont fait Cicéron et Virgile, Racine, La Fontaine, l'Arioste, Addison et Pope? — J'ai tout brûlé, répliqua-t-il; ce sont des corrupteurs du genre humain. Les maîtres de géométrie et d'arithmétique même sont des monstres. Les sciences sont le plus horrible fléau de la terre. Sans elles nous aurions eu toujours l'âge d'or. Je renonce aux gens de lettres pour jamais, à tous les pays où les arts sont connus. Il est affreux de vivre dans des villes où l'on porte la mesure du temps en or dans sa poche, où l'on a fait venir de la Chine de petites chenilles pour se couvrir de leur duvet, où l'on entend cent instruments qui s'accordent, qui enchantent les oreilles, et qui bercent l'âme dans un doux repos. Tout cela est horrible, et il est clair qu'il n'y a que les Iroquois qui soient gens de bien ; encore faut-il qu'ils soient loin de Québec, où je soupçonne que les damnables sciences de l'Europe se sont introduites. »

Quand Timon eut bien évaporé sa bile, je le priai de me dire sans humeur ce qui lui avait inspiré tant d'aversion pour les belles-lettres. Il m'avoua ingénument que son chagrin était venu originairement d'une espèce de gens qui se font valets de libraires ; et qui, de ce bel état où les réduit l'impuissance de prendre une profession honnête, insultent tous les mois les hommes les plus estimables de l'Europe, pour gagner leurs gages. « Vous avez raison, lui dis-je ; mais voudriez-vous qu'on tuât tous les chevaux d'une ville, parce qu'il y a quelques rosses qui ruent et qui servent mal ? »

Je vis que cet homme avait commencé par haïr l'abus des arts, et qu'il était parvenu enfin à haïr les arts mêmes. « Vous conviendrez, me disait-il, que l'industrie donne à l'homme de nouveaux besoins. Ces besoins allument les passions, et les passions font commettre tous les crimes. L'abbé Suger gouvernait fort bien l'État dans les temps d'ignorance : mais le cardinal de Richelieu, qui était théologien et poète, fit couper plus de têtes qu'il ne fit de mauvaises pièces de théâtre. A peine eut-il établi l'Académie française, que les Cinq-Mars, les De Thou, les Marillac, passèrent par la main du bourreau. Si Henri VIII n'avait pas étudié, il n'aurait pas envoyé deux de ses femmes sur l'échafaud. Charles IX n'ordonna les massacres de la Saint-Barthélemi que parce que son précepteur Amyot lui avait appris à faire des vers ; et les catholiques ne massacrèrent en Irlande trois à quatre mille familles de protestants que parce qu'ils avaient appris à fond *la Somme* de saint Thomas.

— Vous pensez donc, lui dis-je, qu'Attila,

Genseric, Odoacre et leurs pareils, avaient étudié longtemps dans les universités? — Je n'en doute nullement, me dit-il, et je suis persuadé qu'ils ont écrit beaucoup en vers et en prose; sans cela auraient-ils détruit une partie du genre humain? Ils lisaient assidûment les casuistes et la morale relâchée des jésuites, pour calmer les scrupules que la nature sauvage donne toute seule. Ce n'est qu'à force d'esprit et de culture qu'on peut devenir méchant. Vivent les sots pour être honnêtes gens! » Il fortifia cette idée par beaucoup de raisons capables de faire emporter un prix dans une académie. Je le laissai dire. Nous partîmes pour aller souper à la campagne. Il maudissait en chemin la barbarie des arts, et je lisais Horace.

Au coin d'un bois, nous fûmes rencontrés par des voleurs, et dépouillés de tout impitoyablement. Je demandai à ces messieurs dans quelle université ils avaient étudié. Ils m'avouèrent qu'aucun d'eux n'avaient jamais appris à lire.

Après avoir été ainsi volés par des ignorants, nous arrivâmes presque nus dans la maison où nous devions souper. Elle appartenait à un des plus savants hommes de l'Europe. Timon, suivant ses principes, devait s'attendre à être égorgé. Cependant il ne le fut point; on nous habilla, on nous prêta de l'argent, on nous fit la plus grande chère; et Timon, au sortir du repas, demanda une plume et de l'encre pour écrire contre ceux qui cultivent leur esprit.

RESCRIT
DE L'EMPEREUR DE LA CHINE
A L'OCCASION
DU PROJET DE PAIX PERPÉTUELLE

Nous, l'empereur de la Chine, nous sommes fait représenter, dans notre conseil d'État, les mille brochures qu'on débite journellement dans le renommé village de Paris, pour l'instruction de l'univers. Nous avons remarqué avec une satisfaction impériale, qu'on imprime plus de pensées, ou façons de penser, ou expressions sans pensées, dans ledit village situé sur le petit ruisseau de la Seine, contenant environ cinq cent mille plaisants, ou gens voulant l'être, que l'on ne fabrique de porcelaines dans notre bourg de Kingtzin sur le fleuve Jaune, lequel bourg possède le double d'habitants, lesquels ne sont pas la moitié si plaisants que ceux de Paris.

Nous avons lu attentivement la brochure de notre amé Jean-Jacques, citoyen de Genève, lequel Jean-Jacques a extrait un projet de paix perpétuelle du bonze saint Pierre, lequel bonze saint Pierre l'avait extrait d'un clerc du mandarin marquis de Rosni, duc de Sulli, excellent économe, lequel l'avait extrait du creux de son cerveau.

Nous avons été sensiblement affligé de voir que dans ledit extrait rédigé par notre amé Jean-

Jacques, où l'on expose les moyens faciles de donner à l'Europe une paix perpétuelle, on avait oublié le reste de *l'univers*, qu'il faut toujours avoir en vue dans toutes ses brochures. Nous avons connu que la monarchie de France, qui est la première des monarchies ; l'anarchie d'Allemagne qui est la première des anarchies ; l'Espagne, l'Angleterre, la Pologne, la Suède, qui sont, suivant leurs historiens, chacune en son genre, la première puissance de *l'univers*, sont toutes requises d'accéder au traité de Jean-Jacques. Nous avons été édifié de voir que notre chère cousine l'impératrice de toute Russie était pareillement requise de fournir son contingent. Mais grande a été notre surprise impériale, quand nous avons en vain cherché notre nom dans la liste. Nous avons jugé qu'étant si proche voisin de notre chère cousine, nous devions être nommé avec elle ; que le Grand Turc, voisin de la Hongrie et de Naples, le roi de Perse voisin du Grand Turc, le Grand Mogol voisin du roi de Perse, ont pareillement les mêmes droits, et que ce serait faire au Japon une injustice criante de l'oublier dans la confédération générale.

Nous avons pensé de nous-même, après l'avis de notre conseil, que si le Grand Turc attaquait la Hongrie, si la diète europaine, ou européenne, ou européane, ne se trouvait pas alors en argent comptant ; si, tandis que la reine de Hongrie s'opposerait au Turc vers Belgrade, le roi de Prusse marchait à Vienne ; si les Russes pendant ce temps-là attaquaient la Silésie ; si les Français se jetaient alors sur les Pays-Bas, l'Angleterre sur la France, le roi de Sardaigne sur l'Italie, l'Espagne sur les Maures, ou les Maures sur l'Espagne, ces petites combinaisons pourraient déranger la paix perpétuelle.

Notre accession étant donc une nécessité absolue, nous avons résolu de coopérer de toutes nos forces au bien général, qui est évidemment le but de tout empereur, comme de tout faiseur de brochures.

A cet effet, ayant remarqué qu'on avait oublié de nommer la ville dans laquelle les plénipotentiaires de *l'univers* doivent s'assembler, nous avons résolu d'en bâtir une sans délai. Nous nous sommes fait représenter le plan d'un ingénieur de sa majesté le roi de Narsingue, lequel proposa, il y a quelques années, de creuser un trou jusqu'au centre de la terre pour y faire des expériences de physique; notre intention étant de perfectionner cette idée, nous ferons percer le globe de part en part. Et comme les philosophes les plus éminents du village de Paris sur le ruisseau dit la Seine croient que *le noyau du globe est de verre*, qu'ils l'ont écrit, et qu'ils ne l'auraient jamais écrit s'ils n'en avaient été sûrs, notre ville de la diète *de l'univers* sera toute de cristal, et recevra continuellement le jour par un bout ou par un autre; de sorte que la conduite des plénipotentiaires sera toujours éclairée.

Pour mieux affermir l'ouvrage de la paix perpétuelle, nous aboucherons ensemble, dans notre ville transparente notre saint-père le grand lama, notre saint-père le grand daïri, notre saint-père le muphti, et notre saint-père le pape, qui seront tous aisément d'accord moyennant les exhortations de quelques jésuites portugais. Nous terminerons tout d'un temps les anciens procès de la justice ecclésiastique et de la séculière, du fisc et du peuple, des nobles et des roturiers, de l'épée et de la robe, des maîtres et des valets, des maris et des femmes, des auteurs et des lecteurs.

Nos plénipotentiaires enjoindront à tous les souverains de n'avoir jamais aucune querelle, sous peine d'une brochure de Jean-Jacques pour la première fois, et du ban de *l'univers* pour la seconde.

Nous prions la république de Genève et celle de Saint-Marin de nommer conjointement avec nous le sieur Jean-Jacques pour premier président de la diète, attendu que ledit sieur ayant déjà jugé les rois et les républiques sans en être prié, il les jugera tout aussi bien quand il sera à la tête de la chambre; et notre avis est qu'il soit payé régulièrement de ses honoraires sur le produit net des actions des fermes, des billets de loterie, et de ceux de la Compagnie des Indes à Paris, qui sont les meilleurs effets de *l'univers*. Priant le Tien qu'il ait en sa sainte garde ledit Jean-Jacques, comme aussi le sieur Volmar, la demoiselle Julie et son faux germe.

Donné à Pékin, le 1er du mois de Hi han, l'an 1898436500 de la fondation de notre monarchie.

POT POURRI

I

Brioché fut père de Polichinelle, non pas son propre père, mais père de génie. Le père de Brioché était Guillot Gorgu, qui fut fils de Gilles, qui fut fils de Gros-René, qui tirait son origine du Prince des sots, et de la mère sotte; c'est ainsi que l'écrit l'auteur de *l'Almanach de la Foire*. M. Parfait, écrivain non moins digne de foi, donne pour père à Brioché, Tabarin; à Tabarin, Gros-Guillaume; à Gros-Guillaume, Jean-Boudin; mais en remontant toujours au Prince des sots. Si ces deux historiens se contredisent, c'est une preuve de la vérité du fait pour le père Daniel, qui les concilie avec une merveilleuse sagacité, et qui détruit par là le pyrrhonisme de l'histoire.

II

Comme je finissais ce premier paragraphe des cahiers de Merry Hissing dans mon cabinet, dont la fenêtre donne sur la rue Saint-Antoine, j'ai vu passer les syndics des apothicaires, qui allaient saisir des drogues, et du vert-de-gris que les jésuites de la rue Saint-Antoine vendaient en contrebande; mon voisin, M. Husson, qui est une bonne tête, est venu chez moi, et m'a dit : « Mon ami, vous riez de voir des jésuites vilipendés, vous êtes bien aise de savoir qu'ils sont convaincus d'un parricide en Portugal, et d'une rébellion au Paraguai; le cri public qui s'élève en France contre eux, la haine qu'on leur porte, les opprobres multipliés dont ils sont couverts, semblent être pour vous une consolation; mais sachez que s'ils sont perdus, comme tous les honnêtes gens le désirent, vous n'y gagnerez rien; vous serez accablés par la faction des jansénistes. Ce sont des enthousiastes féroces, des âmes de bronze pires que les presbytériens qui renversèrent le trône de Charles Iᵉʳ. Songez que les fanatiques sont plus dangereux que les fripons. On ne peut jamais faire entendre raison à un énergumène : les fripons l'entendent. »

Je disputai longtemps contre M. Husson; je lui dis enfin : « Monsieur, consolez-vous; peut-être que les jansénistes seront un jour aussi adroits que les jésuites. » Je tâchai de l'adoucir; mais c'est une tête de fer, qu'on ne fait jamais changer de sentiment.

III

Brioché, voyant que Polichinelle était bossu par devant et par derrière, lui voulut apprendre à lire, et à écrire. Polichinelle, au bout de deux ans, épela assez passablement, mais il ne put jamais parvenir à se servir d'une plume. Un des écrivains de sa vie remarque qu'il essaya un jour d'écrire son nom, mais que personne ne put le lire.

Brioché était fort pauvre; sa femme et lui

n'avaient pas de quoi nourrir Polichinelle, encore moins de quoi lui faire apprendre un métier. Polichinelle leur dit : « Mon père et ma mère, je suis bossu, et j'ai de la mémoire; trois ou quatre de mes amis, et moi, nous pouvons établir des marionnettes; je gagnerai quelque argent; les hommes ont toujours aimé les marionnettes; il y a quelquefois de la perte à en vendre de nouvelles, mais il y a aussi de grands profits. »

Monsieur et madame Brioché admirèrent le bon sens du jeune homme; la troupe se forma, et elle alla établir ses petits tréteaux dans une bourgade suisse, sur le chemin d'Appenzel à Milan.

C'était justement dans ce village que les charlatans d'Orviéte avaient établi le magasin de leur orviétan. Ils s'aperçurent qu'insensiblement la canaille allait aux marionnettes, et qu'ils vendaient dans le pays la moitié moins de savonnettes et d'onguent pour la brûlure. Ils accusèrent Polichinelle de plusieurs mauvais déportements, et portèrent leurs plaintes devant le magistrat. La requête disait que c'était un ivrogne dangereux; qu'un jour il avait donné cent coups de pied dans le ventre, en plein marché, à des paysans qui vendaient des nèfles.

On prétendit aussi qu'il avait molesté un marchand de coqs d'Inde; enfin ils l'accusèrent d'être sorcier. M. Parfait, dans son *Histoire du Théâtre*, prétend qu'il fut avalé par un crapaud, mais le père Daniel pense ou du moins parle autrement. On ne sait pas ce que devint Brioché. Comme il n'était que le père putatif de Polichinelle, l'historien n'a pas jugé à propos de nous dire de ses nouvelles.

IV

Feu M. Dumarsais assurait que le plus grand des abus était la vénalité des charges. « C'est un grand malheur pour l'État, disait-il, qu'un homme de mérite, sans fortune, ne puisse parvenir à rien. Que de talents enterrés, et que de sots en place ! Quelle détestable politique d'avoir éteint l'émulation ! » M. Dumarsais, sans y penser, plaidait sa propre cause, il a été réduit à enseigner le latin, et il aurait rendu de grands services à l'État s'il avait été employé. Je connais des barbouilleurs de papier qui eussent enrichi une province, s'ils avaient été à la place de ceux qui l'ont volée. Mais pour avoir cette place, il faut être fils d'un riche qui vous laisse de quoi acheter une charge, un office, et ce qu'on appelle *une dignité*.

Dumarsais assurait qu'un Montaigne, un Charron, un Descartes, un Gassendi, un Bayle, n'eussent jamais condamné aux galères des écoliers soutenant thèse contre la philosophie d'Aristote, ni n'auraient fait brûler le curé Urbain Grandier, le curé Gaufridi, et qu'ils n'eussent point, etc., etc.

V

Il n'y a pas longtemps que le chevalier Roginante, gentilhomme ferrarois, qui voulait faire

une collection de tableaux de l'école flamande,
alla faire des emplettes à Amsterdam. Il mar-
chanda un assez beau Christ chez le sieur Vandergru. « Est-il possible, dit le Ferrarois au
Batave, que vous qui n'êtes pas chrétien (car
vous êtes Hollandais), vous ayez chez vous un
Jésus ? — Je suis chrétien et catholique, répondit
M. Vandergru, sans se fâcher, et il vendit son
tableau assez cher. — Vous croyez donc Jésus-
Christ Dieu? lui dit Roginante. — Assurément,
dit Vandergru. »

Un autre curieux logeait à la porte attenante,
c'était un socinien; il lui vendit une Sainte-Famille.
« Que pensez-vous de l'enfant? dit le Ferrarois. — Je pense, répondit l'autre, que ce fut
la créature la plus parfaite que Dieu ait mise sur
la terre. »

De là, le Ferrarois alla chez Moïse Mansebo,
qui n'avait que de beaux paysages, et point de
Sainte-Famille. Roginante lui demanda pourquoi
on ne trouvait pas chez lui de pareils sujets.
« C'est, dit-il, que nous avons cette famille en
exécration. »

Roginante passa chez un fameux anabaptiste,
qui avait les plus jolis enfants du monde; il leur
demanda dans quelle église ils avaient été baptisés. « Fi donc, monsieur, lui dirent les enfants,
grâce à Dieu, nous ne sommes point encore baptisés. »

Roginante n'était pas au milieu de la rue, qu'il
avait déjà vu une douzaine de sectes entièrement

opposées les unes aux autres. Son compagnon de voyage, M. Sacrito, lui dit : « Enfuyons-nous vite, voici l'heure de la Bourse ; tous ces gens-ci vont s'égorger, sans doute, selon l'antique usage, puisqu'ils pensent tous diversement ; et la populace nous assommera pour être sujets du pape. »

Ils furent bien étonnés quand ils virent toutes ces bonnes gens-là sortir de leurs maisons avec leurs commis, se saluer civilement, et aller à la Bourse de compagnie. Il y avait ce jour-là, de compte fait, cinquante-trois religions sur la place, en comptant les arméniens et les jansénistes. On fit pour cinquante-trois millions d'affaires le plus paisiblement du monde, et le Ferrarois retourna dans son pays, où il trouva plus d'*Agnus Dei* que de lettres de change.

On voit tous les jours la même scène à Londres, à Hambourg, à Dantzick, à Venise même, etc. Mais ce que j'ai vu de plus édifiant, c'est à Constantinople.

J'eus l'honneur d'assister, il y a cinquante ans, à l'installation d'un patriarche grec, par le sultan Achmet III, dont Dieu veuille avoir l'âme. Il donna à ce prêtre chrétien l'anneau, et le bâton fait en forme de béquille. Il y eut ensuite une procession de chrétiens dans la rue Cléobule : deux janissaires marchèrent en tête de la procession. J'eus le plaisir de communier publiquement dans l'église patriarcale, et il ne tint qu'à moi d'obtenir un canonicat.

J'avoue qu'à mon retour à Marseille, je fus

fort étonné de ne point y trouver de mosquée. J'en marquai ma surprise à M. l'intendant et à M. l'évêque. Je leur dis que cela était fort incivil, et que si les chrétiens avaient des églises chez les musulmans, on pouvait au moins faire aux Turcs la galanterie de quelques chapelles. Ils me promirent tous deux qu'ils en écriraient en cour : mais l'affaire en demeura là, à cause de la constitution *Unigenitus*.

O mes frères les jésuites ! vous n'avez pas été tolérants, et on ne l'est pas pour vous. Consolezvous ; d'autres à leur tour deviendront persécuteurs, et à leur tour ils seront abhorrés.

VI

Je contais ces choses il y a quelques jours à M. de Boucacous, Languedocien très chaud, et huguenot très zélé. « *Cavalisque!* me dit-il ; on nous traite donc en France comme les Turcs, on leur refuse des mosquées, et on ne nous accorde point de temples ! — Pour des mosquées, lui dis-je, les Turcs ne nous en ont encore point demandé, et j'ose me flatter qu'ils en obtiendront quand ils voudront, parce qu'ils sont nos bons alliés ; mais je doute fort qu'on rétablisse vos temples, malgré toute la politesse dont nous nous piquons ; la raison en est que vous êtes un peu nos ennemis. — Vos ennemis ! s'écria M. de Boucacous, nous qui sommes les plus ardents serviteurs du roi ! — Vous êtes fort ardents, lui répliquai-je, et si ardents que vous avez fait neuf guerres civiles, sans compter les massacres des Cévennes. — Mais, dit-il, si nous avons fait des guerres civiles, c'est que vous nous cuisiez en place publique ; on se lasse à la longue d'être brûlé, il n'y a patience de saint qui puisse y tenir : qu'on nous laisse en repos, et je vous jure que nous serons des sujets très fidèles.

— C'est précisément ce qu'on fait, lui dis-je, on ferme les yeux sur vous, on vous laisse faire votre commerce, vous avez une liberté assez honnête. — Voilà une plaisante liberté ! dit M. de Boucacous ; nous ne pouvons nous assembler en pleine campagne quatre ou cinq mille seulement, avec des psaumes à quatre parties, que sur-le-champ il ne vienne un régiment de dragons qui nous fait rentrer chacun chez nous. Est-ce là vivre ? est-ce là être libre ? »

Alors je lui parlai ainsi : « Il n'y a aucun pays dans le monde où l'on puisse s'attrouper sans l'ordre du souverain, tout attroupement est contre les lois. Servez Dieu à votre mode dans vos maisons ; n'étourdissez personne par des hurlements que vous appelez *musique*. Pensez-vous que Dieu soit bien content de vous quand vous chantez ses commandements sur l'air de *Réveillez-vous, belle endormie ?* et quand vous dites avec les Juifs, en parlant d'un peuple voisin :

> *Heureux qui doit te détruire à jamais !*
> *Qui, t'arrachant les enfants des mamelles,*
> *Écrasera leurs têtes infidèles !*

« Dieu veut-il absolument qu'on écrase les cer-
velles des petits enfants? cela est-il humain? De
plus, Dieu aime-t-il tant les mauvais vers, et la
mauvaise musique? »

M. de Boucacous m'interrompit, et me demanda
si le latin de cuisine de nos psaumes valait mieux.
« Non sans doute, lui dis-je, je conviens même
qu'il y a un peu de stérilité d'imagination à ne
prier Dieu que dans une traduction très vicieuse
de vieux cantiques d'un peuple que nous abhorrons ;
nous sommes tous juifs à vêpres, comme nous
sommes tous païens à l'Opéra.

« Ce qui me déplaît seulement, c'est que les *Métamorphoses* d'Ovide sont, par la malice du démon,
bien mieux écrites, et plus agréables que les cantiques juifs, car il faut avouer que cette montagne
de Sion, et ces gueules de basilic, et ces collines
qui sautent comme des béliers, et toutes ces répé-
titions fastidieuses, ne valent ni la poésie grecque,
ni la latine, ni la française. Le froid petit Racine
a beau faire, cet enfant dénaturé n'empêchera
pas, profanement parlant, que son père ne soit un
meilleur poète que David.

« Mais enfin, nous sommes la religion dominante
chez nous ; il ne vous est pas permis de vous
attrouper en Angleterre, pourquoi voudriez-vous
avoir cette liberté en France? Faites ce qu'il vous
plaira dans vos maisons, et j'ai parole de M. le
gouverneur et de M. l'intendant, qu'en étant sages
vous serez tranquilles : l'imprudence seule fit et
fera les persécutions. Je trouve très mauvais que

vos mariages, l'état de vos enfants, le droit d'héri-
tage, souffrent la moindre difficulté. Il n'est pas
juste de vous saigner et de vous purger, parce
que vos pères ont été malades : mais que voulez-
vous, ce monde est un grand Bedlam, où des fous
enchaînent d'autres fous. »

VII

Nous raisonnions ainsi, M. de Boucacous et moi,
quand nous vîmes passer Jean-Jacques Rousseau
avec grande précipitation. « Eh ! où allez-vous donc
si vite monsieur Jean-Jacques ? — Je m'enfuis,
parce que maître Joly de Fleuri a dit, dans un
réquisitoire, que je prêchais contre l'intolérance
et contre l'existence de la religion chrétienne. — Il
a voulu dire *évidence*, lui répondis-je ; il ne faut
pas prendre feu pour un mot. — Eh ! mon Dieu,
je n'ai que trop pris feu, dit Jean-Jacques, on
brûle partout mon livre. Je sors de Paris, comme
M. d'Assouci de Montpellier, de peur qu'on ne
brûle ma personne. — Cela était bon, lui dis-je, du
temps d'Anne Dubourg et de Michel Servet, mais
à présent on est plus humain. Qu'est-ce donc que
ce livre qu'on a brûlé ?

— J'élevais, dit-il, à ma manière un petit garçon en quatre tomes. Je sentais bien que j'ennuie-
rais peut-être ; et j'ai voulu, pour égayer la
matière, glisser adroitement une cinquantaine de
pages en faveur du théisme. J'ai cru qu'en disant
des injures aux philosophes, mon théisme passerait,

et je me suis trompé. — Qu'est-ce que théisme ? fis-je. — C'est, me dit-il, l'adoration d'un Dieu ; en attendant que je sois mieux instruit. — Ah ! dis-je, si c'est là tout votre crime, consolez-vous. Mais pourquoi injurier les philosophes ? — J'ai tort, fit-il. — Mais, monsieur Jean-Jacques, comment vous êtes-vous fait théiste ? quelle cérémonie faut-il pour cela ? — Aucune, nous dit Jean-Jacques. Je suis né protestant, j'ai retranché tout ce que les protestants condamnent dans la religion romaine. Ensuite, j'ai retranché tout ce que les autres religions condamnent dans le protestantisme ; il ne m'est resté que Dieu ; je l'ai adoré ; et maître Joly de Fleuri a présenté contre moi un réquisitoire. »

Alors nous parlâmes à fond du théisme avec Jean-Jacques, qui nous apprit qu'il y avait trois cent mille théistes à Londres, et environ cinquante mille seulement à Paris, parce que les Parisiens n'arrivent jamais à rien que longtemps après les Anglais, témoin l'inoculation, la gravitation, le semoir, etc., etc. Il ajouta que le nord de l'Allemagne fourmillait de théistes et de gens qui se battent bien.

M. de Boucacous l'écouta attentivement, et promit de se faire théiste. Pour moi, je restai ferme. Je ne sais cependant si on ne brûlera pas ce petit écrit, comme un ouvrage de Jean-Jacques, ou comme un mandement d'évêque ; mais un mal qui nous menace n'empêche pas toujours d'être sensible au mal d'autrui ; et comme j'ai le cœur bon, je plaignis les tribulations de Jean-Jacques.

VIII

Les compagnons de Polichinelle, réduits à la mendicité, qui était leur état naturel, s'associèrent avec quelques Bohèmes, et coururent de village en village. Ils arrivèrent dans une petite ville, et logèrent dans un quatrième étage, où ils se mirent à composer des drogues, dont la vente les aida quelque temps à subsister. Ils guérirent même de la gale l'épagneul d'une dame de considération ; les voisins crièrent au prodige, mais, malgré toute leur industrie, la troupe ne fit pas fortune.

Ils se lamentaient de leur obscurité et de leur misère, lorsqu'un jour ils entendirent un bruit sur leur tête, comme celui d'une brouette qu'on roule sur un plancher. Ils montèrent au cinquième étage, et y trouvèrent un petit homme qui y faisait des marionnettes pour son compte : il s'appelait le sieur Bienfait ; il avait tout juste le génie qu'il fallait pour son art.

On n'entendait pas un mot de ce qu'il disait, mais il avait un galimatias fort convenable, et il ne faisait pas mal ses bamboches. Un compagnon, qui excellait aussi en galimatias, lui parla ainsi : « Nous croyons que vous êtes destiné à relever nos marionnettes, car nous avons lu dans Nostradamus ces propres paroles : *Nelle chi li po rate icsus res fait en bi*, lesquelles prises à rebours font évidemment : *Bienfait ressuscitera Polichinelle.* Le nôtre a été avalé par un crapaud ; mais nous avons retrouvé son chapeau, sa bosse, et sa pratique. Vous fournirez le fil d'archal. Je crois d'ailleurs qu'il vous sera aisé de lui faire une moustache toute semblable à celle qu'il avait, et quand nous serons unis ensemble, il est à croire que nous aurons beaucoup de succès. Nous ferons valoir Polichinelle par Nostradamus, et Nostradamus par Polichinelle. »

Le sieur Bienfait accepta la proposition. On lui demanda ce qu'il voulait pour sa peine. « Je veux, dit-il, beaucoup d'honneurs et beaucoup d'argent. — Nous n'avons rien de cela dit l'orateur de la troupe ; mais avec le temps on a de tout. » Le sieur Bienfait se lia donc avec les Bohèmes, et tous ensemble allèrent à Milan pour établir leur théâtre, sous la protection de madame Carminetta. On afficha que le même Polichinelle qui avait été mangé par un crapaud du village du canton d'Appenzel, reparaîtrait sur le théâtre de Milan, et qu'il danserait avec madame Gigogne. Tous les vendeurs d'orviétan eurent beau s'y opposer, le sieur Bienfait, qui avait aussi le secret de l'orviétan, soutint que le sien était le meilleur : il en vendit beaucoup aux femmes, qui étaient folles de Polichinelle, et il devint si riche qu'il se mit à la tête de la troupe.

Dès qu'il eut ce qu'il voulait (et que tout le monde veut), des honneurs et du bien, il fut très ingrat envers madame Carminetta. Il acheta une belle maison vis-à-vis de celle de sa bienfaitrice, et il trouva le secret de la faire payer à ses associés. On ne le vit plus faire sa cour à madame Carminetta ; au contraire, il voulut qu'elle vînt déjeuner chez lui, et un jour qu'elle daigna y venir, il lui fit fermer la porte au nez, etc.

IX

N'ayant rien entendu au précédent chapitre de Merry Hissing, je me transportai chez mon ami, M. Husson, pour lui en demander l'explication. Il me dit que c'était une profonde allégorie sur le père Lavalette, marchand banqueroutier d'Amérique ; mais que d'ailleurs, il y avait longtemps qu'il ne s'embarrassait plus de ces sottises, qu'il n'allait jamais aux marionnettes, qu'on jouait ce jour-là *Polyeucte*, et qu'il voulait l'entendre. Je l'accompagnai à la comédie.

M. Husson, pendant le premier acte, branlait toujours la tête. Je lui demandai dans l'entr'acte pourquoi sa tête branlait tant. « J'avoue, dit-il, que je suis indigné contre ce sot Polyeucte et contre cet impudent Néarque. Que diriez-vous d'un gendre de M. le gouverneur de Paris, qui serait huguenot, et qui, accompagnant son beau-père le jour de Pâques, à Notre-Dame, irait mettre en pièce le ciboire et le calice, et donner des coups de pied dans le ventre à M. l'archevêque et aux chanoines ? Serait-il bien justifié, en nous disant que nous sommes des idolâtres ; qu'il l'a entendu dire au sieur Lubolier, prédicant d'Amsterdam, et au sieur Morfyé, compilateur à Berlin, auteur de la *Bibliothèque germanique*, qui le tenait du prédicateur Urieju ? C'est là le fidèle portrait de la conduite de Polyeucte. Peut-on s'intéresser à ce plat fanatique, séduit par le fanatique Néarque ? »

M. Husson me disait ainsi son avis amicalement dans les entr'actes. Il se mit à rire quand il vit Polyeucte résigner sa femme à son rival, et il la trouva un peu bourgeoise, quand elle dit à son amant qu'elle va dans sa chambre, au lieu d'aller avec lui à l'église.

Adieu, trop vertueux objet et trop charmant ;
Adieu, trop généreux et trop parfait amant ;
Je vais seule en ma chambre enfermer mes regrets.

Mais il admira la scène où elle demande à son amant la grâce de son mari.

« Il y a là, dit-il, un gouverneur d'Arménie qui est bien le plus lâche, le plus bas des hommes ; ce père de Pauline avoue même qu'il a les sentiments d'un coquin :

Polyeucte est ici l'appui de ma famille ;
Mais si par mon trepas l'autre épousait ma fille,
J'acquerrais bien par là de plus puissants appuis,
Qui me mettraient plus haut cent fois que je ne suis.

« Un procureur au Châtelet ne pourrait guère ni penser ni s'exprimer autrement. Il y a de bonnes âmes qui avalent tout cela, je ne suis pas du nombre. Si ces pauvretés peuvent entrer dans une tragédie du pays des Gaules, il faut brûler l'*Œdipe* des Grecs. »

M. Husson est un rude homme. J'ai fait ce que j'ai pu pour l'adoucir; mais je n'ai pu en venir à bout. Il a persisté dans son avis, et moi dans le mien.

X

Nous avons laissé le sieur Bienfait fort riche et fort insolent. Il fit tant par ses menées, qu'il fut reconnu pour entrepreneur d'un grand nombre de marionnettes. Dès qu'il fut revêtu de cette dignité, il fit promener Polichinelle dans toutes les villes, et afficha que tout le monde serait tenu de l'appeler Monsieur, sans quoi il ne jouerait point. C'est de là que, dans toutes les représentations des marionnettes, il ne répond jamais à son compère, que quand le compère l'appelle M. Polichinelle. Peu à peu Polichinelle devint si important, qu'on ne donna plus aucun spectacle sans lui payer une rétribution, comme les Opéras des provinces en paient une à l'Opéra de Paris.

Un jour, un de ses domestiques, receveur des billets et ouvreur de loges, ayant été cassé aux gages, se souleva contre Bienfait, et institua d'autres marionnettes, qui décrièrent toutes les danses de madame Gigogne et tous les tours de passe-passe de Bienfait. Il retrancha plus de cinquante ingrédients qui entraient dans l'orviétan, composa le sien de cinq ou six drogues, et, le vendant beaucoup meilleur marché, il enleva une infinité de pratiques à Bienfait, ce qui excita un

furieux procès, et on se battit longtemps à la porte
des marionnettes, dans le préau de la Foire.

XI

M. Husson me parlait hier de ses voyages :
en effet, il a passé plusieurs années dans les
échelles du Levant ; il est allé en Perse ; il a
demeuré longtemps dans les Indes, et a vu toute
l'Europe. « J'ai remarqué, me disait-il, qu'il y a
un nombre prodigieux de Juifs qui attendent le
Messie, et qui se feraient empaler plutôt que de
convenir qu'il est venu. J'ai vu mille Turcs per-
suadés que Mahomet avait mis la moitié de la
lune dans sa manche. Le petit peuple, d'un bout
du monde à l'autre, croit fermement les choses les
plus absurdes. Cependant qu'un philosophe ait
un écu à partager avec le plus imbécile de ces
malheureux, en qui la raison humaine est si horriblement obscurcie, il est sûr que, s'il y a un sou
à gagner, l'imbécile l'emportera sur le philosophe.
Comment des taupes si aveugles sur le plus grand
des intérêts, sont-elles lynx sur les plus petits?
Pourquoi le même Juif qui vous égorge le Vendredi, ne voudrait-il pas voler un liard le jour du
Sabbat? Cette contradiction de l'espèce humaine
mérite qu'on l'examine.

— N'est-ce pas, dis-je à M. Husson, que les
hommes sont superstitieux par coutume, et co-
quins par instinct? — J'y rêverai, me dit-il, cette
idée me paraît assez bonne. »

XII

Polichinelle, depuis l'aventure de l'ouvreur de loges, a essuyé bien des disgrâces. Les Anglais, qui sont raisonneurs et sombres, lui ont préféré Shakespeare; mais ailleurs ses farces ont été fort en vogue; et, sans l'Opéra-Comique, son théâtre était le premier des théâtres. Il a eu de grandes querelles avec Scaramouche et Arlequin, et on ne sait pas encore qui l'emportera. Mais...

XIII

« Mais, mon cher Monsieur, disais-je, comment peut-on être à la fois si barbare et si drôle? Comment dans l'histoire d'un peuple trouve-t-on à la fois la Saint-Barthélemi et les *Contes* de La Fontaine, etc.? est-ce l'effet du climat? est-ce l'effet des lois?

— Le genre humain, répondit M. Husson, est capable de tout. Néron pleura quand il fallut signer l'arrêt de mort d'un criminel, joua des farces et assassina sa mère. Les singes font des tours extrêmement plaisants, et étouffent leurs petits. Rien n'est plus doux, plus timide qu'une levrette, mais elle déchire un lièvre, et baigne son long museau dans son sang.

— Vous devriez, lui dis-je, nous faire un beau livre qui développât toutes ces contradictions. — Ce livre est tout fait, dit-il; vous n'avez qu'à regarder une girouette; elle tourne tantôt au doux

souffle du zéphir, tantôt au vent violent du nord,
voilà l'homme. »

XIV

Rien n'est souvent plus convenable que d'aimer
sa cousine. On peut aussi aimer sa nièce ; mais il
en coûte dix-huit mille livres, payables à Rome,
pour épouser une cousine, et quatre-vingt mille
francs pour coucher avec sa nièce en légitime
mariage.

Je suppose quarante nièces par an, mariées
avec leurs oncles, et deux cents cousins et cousines conjoints ; cela fait en sacrements six millions huit cent mille livres par an, qui sortent du
royaume. Ajoutez-y environ six cent mille francs
pour ce qu'on appelle les *Annates des terres de
France*, que le roi de France donne à des Français
en bénéfices ; joignez-y encore quelques menus
frais ; c'est environ huit millions quatre cent mille
livres que nous donnons libéralement au Saint-Père
par chacun an. Nous exagérons peut-être un peu ;
mais on conviendra que si nous avons beaucoup
de cousines et de nièces jolies, et si la mortalité
se met parmi les bénéficiers, la somme peut aller
au double. Le fardeau serait lourd, tandis que
nous avons des vaisseaux à construire, des armées
et des rentiers à payer.

Je m'étonne que dans l'énorme quantité de
livres, dont les auteurs ont gouverné l'État depuis
vingt ans, aucun n'ait pensé à réformer ces abus.
J'ai prié un docteur en Sorbonne, de mes amis,

de me dire dans quel endroit de l'Écriture on trouve que la France doive payer à Rome la somme susdite : il n'a jamais pu le trouver. J'en ai parlé à un jésuite; il m'a répondu que cet impôt fut mis par saint Pierre sur les Gaules, dès la première année qu'il vint à Rome; et comme je doutais que saint Pierre eût fait ce voyage, il m'en a convaincu en me disant qu'on voit encore à Rome les clefs du paradis qu'il portait toujours à sa ceinture. « Il est vrai, m'a-t-il dit, que nul auteur canonique ne parle de ce voyage de Simon Barjone, mais nous avons une belle lettre de lui, datée de Babylone; or, certainement Babylone veut dire Rome; donc, vous devez de l'argent au pape, quand vous épousez vos cousines. » J'avoue que j'ai été frappé par la force de cet argument.

XV

J'ai un vieux parent qui a servi le roi cinquante-deux ans. Il s'est retiré dans la Haute-Alsace, où il a une petite terre qu'il cultive, dans le diocèse de Porentru. Il voulut un jour faire donner le dernier labour à son champ; la saison avançait, l'ouvrage pressait. Ses valets refusèrent le service et dirent pour raison que c'était la fête de sainte Barbe, la sainte la plus fêtée à Porentru. « Eh ! mes amis, leur dit mon parent, vous avez été à la messe en l'honneur de Barbe, vous avez rendu à Barbe ce qui lui appartient; rendez-moi ce que vous me devez : cultivez mon champ, au lieu d'aller au cabaret. Sainte Barbe ordonne-t-elle qu'on s'enivre pour lui faire honneur, et que je manque de blé cette année ? » Le maître-valet lui dit : « Monsieur, vous voyez bien que je serais damné si je travaillais dans un jour si saint. Sainte Barbe est la plus grande sainte du paradis ; elle grava le signe de la croix sur une colonne de marbre avec le bout du doigt ; et du même doigt et du même signe, elle fit tomber toutes les dents d'un chien qui lui avait mordu les fesses : je ne travaillerai point le jour de Sainte-Barbe. »

, Mon parent envoya chercher des laboureurs luthériens, et son champ fut cultivé. L'évêque de Porentru l'excommunia. Mon parent en appela comme d'abus ; le procès n'est pas encore jugé. Personne assurément n'est plus persuadé que mon parent qu'il faut honorer les saints ; mais il prétend aussi qu'il faut cultiver la terre.

Je suppose en France environ cinq millions d'ouvriers, soit manœuvres, soit artisans, qui gagnent chacun, l'un portant l'autre, vingt sous par jour, et qu'on force saintement de ne rien gagner pendant trente jours de l'année, indépendamment des dimanches ; cela fait cent cinquante millions de moins dans la circulation, et cent cinquante millions de moins en main-d'œuvre. Quelle prodigieuse supériorité ne doivent point avoir sur nous les royaumes voisins, qui n'ont ni Sainte-Barbe, ni d'évêque de Porentru ! On répondait à cette objection, que les cabarets, ouverts les saints jours de fête, produisent beaucoup aux fermes

générales. Mon parent en convenait ; mais il prétendait que c'est un léger dédommagement ; et
que, d'ailleurs, si on peut travailler après la messe,
on peut aller au cabaret après le travail. Il soutient que cette affaire est purement de police, et
point du tout épiscopale ; il soutient qu'il vaut
encore mieux labourer que de s'enivrer. J'ai bien
peur qu'il ne perde son procès.

XVI

Il y a quelques années qu'en passant par la
Bourgogne, avec M. Évrard, que vous connaissez
tous, nous vîmes un vaste palais, dont une partie
commençait à s'élever. Je demandai à quel prince
il appartenait. Un maçon me répondit que c'était
à monseigneur l'abbé de Cîteaux ; que le marché
avait été fait à dix-sept cent mille livres, mais que
probablement il en coûterait bien davantage.

Je bénis Dieu qui avait mis son serviteur en état
d'élever un si beau monument, et de répandre tant
d'argent dans le pays. « Vous moquez-vous ? dit
M. Évrard ; n'est-il pas abominable que l'oisiveté
soit récompensée par deux cent cinquante mille
livres de rente, et que la vigilance d'un pauvre
curé de campagne soit punie par une portion con-
grue de cent écus ? Cette inégalité n'est-elle pas
la chose du monde la plus injuste, et la plus
odieuse ? Qu'en reviendra-t-il à l'État, quand un
moine sera logé dans un palais de deux millions ?
Vingt familles de pauvres officiers, qui partage-

raient ces deux millions, auraient chacune un bien honnête, et donneraient aux rois de nouveaux officiers. Les petits moines, qui sont aujourd'hui les sujets inutiles d'un de leurs moines élu par eux, deviendraient des membres de l'État, au lieu qu'ils ne sont que des chancres qui le rongent. »

Je répondis à M. Évrard : « Vous allez trop loin, et trop vite ; ce que vous dites arrivera certainement dans deux ou trois cents ans ; ayez patience. — Et c'est précisément, répondit-il, parce que la chose n'arrivera que dans deux ou trois siècles, que je perds toute patience ; je suis las de tous ces abus que je vois : il me semble que je marche dans les déserts de la Libye, où notre sang est sucé par les insectes, quand les lions ne nous dévorent pas.

« J'avais, continua-t-il, une sœur assez imbécile pour être janséniste de bonne foi, et non par esprit de parti. La belle aventure des billets de confession la fit mourir de désespoir. Mon frère avait un procès qu'il avait gagné en première instance, sa fortune en dépendait. Je ne sais comment il est arrivé que les juges ont cessé de rendre la justice, et mon frère a été ruiné. J'ai un vieil oncle criblé de blessures qui faisait passer ses meubles et sa vaisselle d'une province à une autre ; des commis alertes ont saisi le tout sur un petit manque de formalité ; mon oncle n'a pu payer les trois vingtièmes, et il est mort en prison. »

M. Évrard me raconta des aventures de cette espèce pendant deux heures entières. Je lui dis :

« Mon cher monsieur Évrard, j'en ai essuyé plus
que vous ; les hommes sont ainsi faits d'un bout
du monde à l'autre, nous nous imaginons que les
abus ne règnent que chez nous ; nous sommes tous
deux comme Astolfe et Joconde, qui pensaient
d'abord qu'il n'y avait que leurs femmes d'infi-
dèles ; ils se mirent à voyager, et ils trouvèrent
partout des gens de leur confrérie. — Oui, dit
M. Évrard ; mais ils eurent le plaisir de rendre
partout ce qu'on avait eu la bonté de leur prêter
chez eux.

— Tâchez, lui dis-je, d'être seulement pendant
trois ans directeur de... ou de... ou de... ou de...
et vous vous vengerez avec usure. »

M. Évrard me crut ; c'est à présent l'homme de
France qui vole le roi, l'État et les particuliers
de la manière la plus dégagée et la plus noble,
qui fait la meilleure chère, et qui juge le plus fièrement d'une pièce nouvelle.

DIALOGUES

MADAME DE MAINTENON

ET

MADEMOISELLE DE LENCLOS

MADAME DE MAINTENON

Oui, je vous ai priée de venir me voir en secret[1]. Vous pensez peut-être que c'est pour jouir à vos yeux de ma grandeur? Non, c'est pour trouver en vous des consolations.

MADEMOISELLE DE LENCLOS

Des consolations, Madame! Je vous avoue que, n'ayant point eu de vos nouvelles depuis votre grande fortune, je vous ai crue heureuse.

MADAME DE MAINTENON

J'ai la réputation de l'être. Il y a des âmes pour qui c'en est assez : la mienne n'est pas de cette trempe : je vous ai toujours regrettée.

1. Madame de Maintenon et mademoiselle Ninon de Lenclos avaient longtemps vécu ensemble. Cette fille célèbre, qui est morte à quatre-vingt-huit ans, avait vu l'auteur et même elle lui fit un legs par son testament. L'auteur a souvent entendu dire à feu l'abbé de Châteauneuf que madame de Maintenon avait fait ce qu'elle avait pu pour engager Ninon à se faire dévote et à venir la consoler à Versailles de l'ennui de la grandeur et de la vieillesse.

MADEMOISELLE DE LENCLOS

J'entends. Vous sentez dans la grandeur le besoin de l'amitié; et moi, qui vis pour l'amitié, je n'ai jamais eu besoin de la grandeur : mais pourquoi donc m'avez-vous oubliée si longtemps ?

MADAME DE MAINTENON

Vous sentez qu'il a fallu paraître vous oublier. Croyez que parmi les malheurs attachés à mon élévation je compte surtout cette contrainte.

MADEMOISELLE DE LENCLOS

Pour moi, je n'ai oublié ni mes premiers plaisirs ni mes anciens amis. Mais si vous êtes malheureuse comme vous le dites, vous trompez bien toute la terre qui vous envie.

MADAME DE MAINTENON

Je me suis trompée la première. Si, lorsque nous soupions autrefois ensemble avec Villarceaux et Nantouillet, dans votre petite rue des Tournelles; lorsque la médiocrité de notre fortune était à peine pour nous un sujet de réflexion, quelqu'un m'avait dit : Vous approcherez un jour du trône; le plus puissant monarque du monde n'aura confiance qu'en vous; toutes les grâces passeront par vos mains; vous serez regardée comme une souveraine; si, dis-je, on m'avait fait de telles prédictions, j'aurais dit : Leur accomplissement doit faire mourir d'étonnement et de joie. Tout s'est accompli, j'ai éprouvé de la surprise dans les premiers moments; j'ai espéré la joie, et ne l'ai point trouvée.

MADEMOISELLE DE LENCLOS

Les philosophes pourront vous croire, mais le public aura bien de la peine à se figurer que vous ne soyez pas contente; et s'il pensait que vous ne l'êtes pas, il vous blâmerait.

MADAME DE MAINTENON

Il faut bien qu'il se trompe comme moi. Ce monde-ci est un vaste amphithéâtre où chacun est placé au hasard sur son gradin. On croit que la suprême félicité est dans les degrés d'en haut : quelle erreur !

MADEMOISELLE DE LENCLOS

Je crois que cette erreur est nécessaire aux hommes; ils ne se donneraient pas la peine de s'élever, s'ils ne pensaient que le bonheur est placé fort au-dessus d'eux. Nous connaissons toutes deux des plaisirs moins remplis d'illusion. Mais, de grâce, comment vous y êtes-vous prise pour être si malheureuse sur votre gradin?

MADAME DE MAINTENON

Ah! ma chère Ninon, depuis le temps que je ne vous ai plus appelée que Mademoiselle de Lenclos, j'ai commencé à n'être plus si heureuse. Il faut que je sois prude; c'est tout vous dire. Mon cœur est vide; mon esprit est contraint : je joue le premier personnage de France; mais ce n'est qu'un personnage. Je ne vis que d'une vie empruntée. Ah! si vous saviez ce que c'est que le fardeau imposé à une âme languissante de ranimer une autre âme, d'amuser un esprit qui n'est plus amusable[1].

MADEMOISELLE DE LENCLOS

Je conçois toute la tristesse de votre situation. Je crains de vous insulter en réfléchissant que Ninon est plus heureuse à Paris dans sa petite maison avec l'abbé de Châteauneuf et quelques amis, que vous à Versailles auprès de l'homme de l'Europe le plus respectable, qui met toute sa cour à vos pieds. Je crains de vous étaler la supériorité de mon état. Je sais qu'il ne faut pas trop goûter sa félicité en présence des malheureux. Tâchez, Madame, de prendre votre grandeur en patience; tâchez d'oublier l'obscurité voluptueuse où nous vivions toutes deux autrefois, comme vous avez été forcée d'oublier ici vos anciennes amies. Le seul remède dans votre état douloureux, c'est de ne dire jamais :

Félicité passée,
Qui ne peux revenir,
Tourment de ma pensée,
Que n'ai-je, en te perdant, perdu le souvenir!

J. BERTAUT, évêque de Séez.

1. Ce sont les propres paroles de madame de Maintenon.

Buvez du fleuve Léthé, consolez-vous surtout en jetant les yeux sur tant de reines qui s'ennuient.

MADAME DE MAINTENON

Ah ! Ninon, peut-on se consoler seule ? J'ai une proposition à vous faire ; mais je n'ose.

MADEMOISELLE DE LENCLOS

Madame, franchement, c'est à vous à être timide ; mais osez.

MADAME DE MAINTENON

Ce serait de troquer, du moins en apparence, votre philosophie contre de la pruderie, de vous faire femme respectable. Je vous logerais à Versailles, vous seriez mon amie plus que jamais ; vous m'aideriez à supporter mon état.

MADEMOISELLE DE LENCLOS

Je vous aime toujours, Madame ; mais je vous avouerai que je m'aime davantage. Il n'y a pas moyen que je me fasse hypocrite et malheureuse, parce que la fortune vous a maltraitée.

MADAME DE MAINTENON

Ah ! cruelle Ninon ! vous avez le cœur plus dur qu'on ne l'a même à la cour. Vous m'abandonnez impitoyablement.

MADEMOISELLE DE LENCLOS

Non, je suis toujours sensible. Vous m'attendrissez ; et pour vous prouver que j'ai toujours

le même goût pour vous, je vous offre tout ce que
je puis; quittez Versailles, venez vivre avec moi
dans la rue des Tournelles.

MADAME DE MAINTENON

Vous me percez le cœur. Je ne puis être heureuse auprès du trône, je ne pourrais l'être au
Marais. Voilà le funeste effet de la cour.

MADEMOISELLE DE LENCLOS

Je n'ai point de remède pour une maladie incu-
rable. Je consulterai sur votre mal avec les philosophes qui viennent chez moi; mais je ne vous
promets pas qu'ils fassent l'impossible.

MADAME DE MAINTENON

Quoi! se voir au faîte de la grandeur, être
adorée, et ne pouvoir être heureuse !

MADEMOISELLE DE LENCLOS

Écoutez, il y a peut-être ici du malentendu.
Vous vous croyez malheureuse uniquement par
votre grandeur.

Le mal ne viendrait-il pas aussi de ce que vous
n'avez plus ni les yeux si beaux, ni l'estomac si
bon, ni les désirs si vifs qu'autrefois? Perdre sa
jeunesse, sa beauté, ses passions, c'est là le vrai
malheur. Voilà pourquoi tant de femmes se font
dévotes à cinquante ans, et se sauvent d'un ennui
par un autre.

MADAME DE MAINTENON

Mais vous êtes plus âgée que moi, et vous n'êtes ni malheureuse ni dévote.

MADEMOISELLE DE LENCLOS

Expliquons-nous. Il ne faut pas à notre âge s'imaginer qu'on puisse jouir d'une félicité complète. Il faut une âme bien vive, et cinq sens bien parfaits pour goûter cette espèce de bonheur-là. Mais avec des amis, de la liberté et de la philosophie, on est aussi bien que notre âge le comporte. L'âme n'est mal que quand elle est hors de sa sphère. Croyez-moi, venez vivre avec mes philosophes.

MADAME DE MAINTENON

Voici deux ministres qui viennent. Cela est bien loin des philosophes. Adieu donc, chère Ninon.

MADEMOISELLE DE LENCLOS

Adieu, auguste infortunée.

UN BRACHMANE
ET UN JÉSUITE
SUR LA NÉCESSITÉ DE L'ENCHAINEMENT
DES CHOSES

LE JÉSUITE

C'EST apparemment par les prières de Saint François-Xavier que vous êtes parvenu à une si heureuse et si longue vieillesse? Cent quatre-vingts ans! cela est digne du temps des patriarches.

LE BRACHMANE

Mon maître Fonfouca en a vécu trois cents; c'est le cours ordinaire de notre vie. J'ai une grande estime pour François Xavier; mais ses prières n'auraient jamais pu déranger l'ordre de l'univers : et s'il avait eu seulement le don de faire vivre une mouche un instant de plus que ne le portait l'enchaînement des destinées, ce globe-ci serait tout autre chose que ce que vous voyez aujourd'hui.

LE JÉSUITE

Vous avez une étrange opinion des futurs contingents. Vous ne savez donc pas que l'homme est libre, que notre volonté dispose à notre gré de tout ce qui se passe sur la terre? Je vous assure que les seuls jésuites y ont fait pour leur part des changements considérables.

LE BRACHMANE

Je ne doute pas de la science et du pouvoir des révérends pères jésuites ; ils sont une partie fort estimable de ce monde, mais je ne les en crois pas les souverains. Chaque homme, chaque être, tant jésuite que brachmane, est un ressort de l'univers, il obéit à la destinée, et ne lui commande pas. A quoi tenait-il que Gengis-kan conquît l'Asie? A l'heure à laquelle son père s'éveilla un jour en couchant avec sa femme, à un mot qu'un Tartare avait prononcé quelques années auparavant. Je suis, par exemple, tel que vous me voyez, une des causes principales de la mort déplorable de votre bon roi Henri IV, et vous m'en voyez encore affligé.

LE JÉSUITE

. Votre révérence veut rire apparemment. Vous la cause de l'assassinat de Henri IV !

LE BRACHMANE

Hélas ! oui. C'était en l'an neuf cent quatre-vingt trois mille de la révolution de Saturne, qui revient à l'an mil cinq cent cinquante de votre ère. J'étais jeune et étourdi. Je m'avisai de commencer une petite promenade du pied gauche, au lieu du pied droit, sur la côte de Malabar, et de là suivit évidemment la mort de Henri IV.

LE JÉSUITE

Comment cela, je vous supplie? Car nous, qu'on accusait de nous être tournés de tous les côtés dans cette affaire, nous n'y avons aucune part.

LE BRACHMANE

Voici comme la destinée arrangea la chose. En avançant le pied gauche, comme j'ai l'honneur de vous dire, je fis tomber malheureusement dans l'eau mon ami Ériban, marchand persan, qui se noya. Il avait une fort jolie femme qui convola avec un marchand arménien; elle eut une fille qui épousa un Grec; la fille de ce Grec s'établit en France, et épousa le père de Ravaillac. Si tout cela n'était pas arrivé, vous sentez que les affaires des maisons de France et d'Autriche auraient tourné différemment. Le système de l'Europe aurait changé. Les guerres entre l'Allemagne et la Turquie auraient eu d'autres suites; ces suites auraient influé sur la Perse, la Perse sur les Indes. Vous voyez que tout tenait à mon pied gauche, lequel était lié à tous les autres événements de l'univers, passés, présents et futurs.

LE JÉSUITE

Je veux proposer cet argument à quelqu'un de nos pères théologiens, et je vous apporterai la solution.

LE BRACHMANE

En attendant je vous dirai encore que la servante du grand-père du fondateur des feuillants (car j'ai lu vos histoires), était aussi une cause nécessaire de la mort de Henri IV, et de tous les accidents que cette mort entraîna.

LE JÉSUITE

Cette servante-là était une maîtresse femme.

LE BRACHMANE

Point du tout : c'était une idiote à qui son maître fit un enfant. Madame de la Barrière en mourut de chagrin. Celle qui lui succéda fut, comme disent vos chroniques, la grand'mère du bienheureux Jean de la Barrière, qui fonda l'ordre des feuillants. Ravaillac fut moine dans cet ordre. Il puisa chez eux certaine doctrine fort à la mode. Cette doctrine lui persuada que c'était une bonne œuvre d'assassiner le meilleur roi du monde. Le reste est connu.

LE JÉSUITE

Malgré votre pied gauche et la servante du grand-père du fondateur des feuillants, je croirai toujours que l'action horrible de Ravaillac était un futur contingent, qui pouvait fort bien ne pas arriver ; car enfin la volonté de l'homme est libre.

LE BRACHMANE

Je ne sais pas ce que vous entendez par une volonté libre, je n'attache point d'idée à ces paroles. Être libre c'est faire ce qu'on veut, et non pas vouloir ce qu'on veut. Tout ce que je sais,

c'est que Ravaillac commit volontairement le crime
qu'il était destiné à faire par des lois immuables.
Ce crime était un chaînon de la grande chaîne des
destinées.

LE JÉSUITE

Vous avez beau dire, les choses de ce monde ne
sont point si liées ensemble que vous pensez. Que
fait, par exemple, au reste de la machine la conversation inutile que nous avons ensemble sur le
rivage des Indes ?

LE BRACHMANE

Ce que nous disons vous et moi est peu de
chose, sans doute ; mais si vous n'étiez pas ici, toute
la machine du monde serait autre chose qu'elle
n'est.

LE JÉSUITE

Votre révérence *bramine* avance là un furieux
paradoxe.

LE BRACHMANE

Votre paternité *ignacienne* en croira ce qu'elle
voudra : mais certainement nous n'aurions pas
cette conversation, si vous n'étiez venu aux Indes ;
vous n'auriez pas fait ce voyage, si votre Saint
Ignace de Loyola n'avait pas été blessé au siège
de Pampelune, et si un roi de Portugal ne s'était
obstiné à faire doubler le cap de Bonne-Espérance.
Ce roi de Portugal n'a-t-il pas, avec le secours de
la boussole, changé la face du monde ? Mais il fallait qu'un Napolitain eût inventé la boussole. Et

puis dites que tout n'est pas éternellement asservi
à un ordre constant, qui unit par des liens invi-
sibles et indissolubles tout ce qui naît, tout ce qui
agit, tout ce qui souffre, tout ce qui meurt sur
notre globe.

LE JÉSUITE

Hé ! que deviendront les futurs contingents ?

LE BRACHMANE

Ils deviendront ce qu'ils pourront : mais l'ordre
établi par une main éternelle et toute puissante
doit subsister à jamais.

LE JÉSUITE

A vous entendre, il ne faudrait donc point
prier Dieu ?

LE BRACHMANE

Il faut l'adorer. Mais qu'entendez-vous par le
prier ?

LE JÉSUITE

Ce que tout le monde entend, qu'il favorise nos
désirs, qu'il satisfasse à nos besoins.

LE BRACHMANE

Je vous comprends. Vous voulez qu'un jardinier
obtienne du soleil à l'heure que Dieu a destinée
de toute éternité pour la pluie, et qu'un pilote
ait un vent d'est lorsqu'il faut qu'un vent d'occident rafraîchisse la terre et les mers. Mon père,

prier c'est se soumettre. Bonsoir. La destinée m'appelle à présent auprès de ma bramine.

LE JÉSUITE

Ma volonté libre me presse d'aller donner leçon à un jeune écolier.

GALIMATIAS DRAMATIQUE

1757

UN JÉSUITE, prêchant aux Chinois.

JE vous le dis, mes chers frères, notre Seigneur veut faire de tous les hommes des vases d'élection ; il ne tient qu'à vous d'être vases, vous n'avez qu'à croire sur-le-champ tout ce que je vous annonce, vous êtes les maîtres de votre esprit, de votre cœur, de vos pensées, de vos sentiments. Jésus-Christ est mort pour tous, comme on sait, la grâce est donnée à tous. Si vous n'avez pas la contrition, vous avez l'attrition ; si l'attrition vous manque, vous avez vos propres forces et les miennes.

UN JANSÉNISTE, arrivant.

Vous en avez menti, enfant d'Escobar et de perdition, vous prêchez ici l'erreur et le mensonge. Non, Jésus n'est mort que pour plusieurs ; la grâce est donnée à peu ; l'attrition est une sottise ; les forces des Chinois sont nulles ; et vos prières sont des blasphèmes ; car Augustin et Paul...

LE JÉSUITE

Taisez-vous, hérétique ; sortez, ennemi de saint Pierre. Mes frères, n'écoutez point ce novateur, qui cite Augustin et Paul, et venez tous, que je vous baptise.

LE JANSÉNISTE

Gardez-vous-en bien, mes frères ; ne vous faites point baptiser par la main d'un moliniste ; vous seriez damnés à tous les diables. Je vous baptiserai dans un an au plus tôt, quand je vous aurai appris ce que c'est que la grâce.

LE QUAKER

Ah ! mes frères, ne soyez baptisés ni par la patte de ce renard, ni par la griffe de ce tigre. Croyez-moi, il vaut mieux n'être point baptisé du tout ; c'est ainsi que nous en usons. Le baptême peut avoir son mérite ; mais on peut très bien s'en passer. Tout ce qui est nécessaire, c'est d'être animé de l'Esprit ; vous n'avez qu'à l'attendre, il viendra, et vous en saurez plus en un moment que ces charlatans n'en pourraient dire dans toute leur vie.

L'ANGLICAN

Ah ! mes ouailles, quels monstres viennent ici vous dévorer ! Mes chères brebis, ne savez-vous pas que l'Église anglicane est la seule Église pure ? nos chapelains qui sont venus boire du punch à Kanton ne vous l'ont-ils pas dit ?

LE JÉSUITE

Les anglicans sont des déserteurs ; ils ont renoncé à notre pape, et le pape est infailllible.

LE LUTHÉRIEN

Votre pape est un âne, comme l'a prononcé Luther. Mes chers Chinois, moquez-vous du pape, et des anglicans, et des molinistes, et des jansénistes, et des quakers, et ne croyez que les luthériens, prononcez seulement ces mots, *in, cum, sub*; et buvez du meilleur.

LE PURITAIN

Nous déplorons, mes frères, l'aveuglement de tous ces gens-ci, et le vôtre. Mais, Dieu merci, l'Éternel a ordonné que je viendrais à Pékin, au jour marqué, confondre ces bavards; que vous m'écouteriez, et que nous ferions le souper ensemble le matin, car vous saurez que dans le quatrième siècle de l'ère de Denys-le-Petit...

LE MUSULMAN

Eh! mort de Mahomet, voilà bien des discours! Si quelqu'un de ces chiens-là s'avise encore d'aboyer, je leur coupe à tous les deux oreilles; pour leur prépuce, je ne m'en donnerai pas la peine; ce sera vous, mes chers Chinois, que je circoncirai : je vous donne huit jours pour vous y préparer; et si quelqu'un de vous autres, après cela, s'avise de boire du vin, il aura affaire à moi.

LE JUIF

Ah! mes enfants, si vous voulez être circoncis, donnez-moi la préférence; je vous ferai boire du vin, tant que vous voudrez; mais si vous êtes assez impies pour manger du lièvre qui, comme vous savez, rumine, et n'a pas le pied fendu, je vous ferai passer au fil de l'épée quand je serai le plus fort, ou, si vous l'aimez mieux, je vous lapiderai; car...

LES CHINOIS

Ah! par Confucius et les *cinq Kings*, tous ces gens-là ont-ils perdu l'esprit? Monsieur le geôlier des petites-maisons de la Chine, allez renfermer tous ces pauvres fous chacun dans leur loge.

LES ANCIENS
ET LES MODERNES
ou
LA TOILETTE DE MADAME DE POMPADOUR
1761

MADAME DE POMPADOUR

Quelle est donc cette dame au nez aquilin, aux grands yeux noirs, à la taille si haute et si noble, à la mine si fière, et en même temps si coquette, qui entre à ma toilette sans se faire annoncer, et qui fait la révérence en religieuse ?

TULLIA

Je suis Tullia, née à Rome il y a environ dix-huit cents ans, je fais la révérence à la romaine, et non à la française ; je suis venue je ne sais d'où, pour voir votre pays, votre personne, et votre toilette.

MADAME DE POMPADOUR

Ah ! Madame, faites-moi l'honneur de vous asseoir. Un fauteuil à madame Tullia.

TULLIA

Qui ? moi, Madame, que je m'asseye sur cette espèce de petit trône incommode, pour que mes jambes pendent à terre, et deviennent toutes rouges ?

MADAME DE POMPADOUR

Comment vous asseyez-vous donc, Madame?

TULLIA

Sur un bon lit, Madame.

MADAME DE POMPADOUR

Ah ! j'entends, vous voulez dire un bon canapé. En voilà un sur lequel vous pouvez vous étendre fort à votre aise.

TULLIA

J'aime à voir que les Françaises sont aussi bien meublées que nous.

MADAME DE POMPADOUR

Ah! ah! Madame, vous n'avez point de bas, vos jambes sont nues ! vraiment elles sont ornées d'un ruban fort joli, en forme de brodequin.

TULLIA

Nous ne connaissons point les bas ; c'est une invention agréable et commode que je préfère à nos brodequins.

MADAME DE POMPADOUR

Dieu me pardonne ! Madame, je crois que vous n'avez point de chemise.

TULLIA

Non, Madame, nous n'en portions point de notre temps.

MADAME DE POMPADOUR

Et dans quel temps viviez-vous, Madame ?

TULLIA

Du temps de Sylla, de Pompée, de César, de Caton, de Catilina, de Cicéron, dont j'ai l'honneur d'être la fille ; de ce Cicéron qu'un de vos protégés a fait parler en vers barbares. J'allai hier à la comédie de Paris ; on y jouait *Catilina* et tous les personnages de mon temps ; je n'en reconnus pas un. Mon père m'exhortait à faire des avances à Catilina, je fus bien surprise. Mais, Madame, il me semble que vous avez là de beaux miroirs, votre chambre en est pleine. Nos miroirs n'étaient pas la sixième partie des vôtres. Sont-ils d'acier ?

MADAME DE POMPADOUR

Non, Madame ; ils sont faits avec du sable, et rien n'est si commun parmi nous.

TULLIA

Voilà un bel art ; j'avoue que cet art nous manquait. Ah ! le joli tableau que vous avez là !

MADAME DE POMPADOUR

Ce n'est point un tableau, c'est une estampe, cela n'est fait qu'avec du noir de fumée ; on en tire cent copies en un jour, et ce secret éternise les tableaux que le temps consume.

TULLIA

Ce secret est admirable : nos Romains n'ont jamais eu rien de pareil.

UN SAVANT

Qui assistait à la toilette, prit alors la parole, et dit à Tullia en tirant un livre de sa poche.

Vous serez bien plus étonnée, Madame, quand vous saurez que ce livre n'est point écrit à la main, qu'il est imprimé à peu près comme ces estampes, et que cette invention éternise aussi les ouvrages de l'esprit.

(Le savant présenta son livre à Tullia ; c'était un recueil de vers pour madame la marquise : Tullia en lut une page, admira les caractères et dit à l'auteur :)

TULLIA

Monsieur, l'impression est une belle chose ; et si elle peut immortaliser de pareils vers, cela me paraît le plus grand effort de l'art. Mais n'auriez-vous pas du moins employé cette invention à imprimer les ouvrages de mon père ?

LE SAVANT

Oui, Madame ; mais on ne les lit plus ; j'en suis fâché pour monsieur votre père, mais aujourd'hui nous ne connaissons guère que son nom.

(Alors on apporta du chocolat, du thé, du café, des glaces. Tullia fut étonnée de voir en été de la crème et des groseilles gelées. On lui dit que ces boissons figées avaient été composées en six minutes par le moyen du salpêtre dont on les avait entourées, et que c'était avec

du mouvement qu'on avait produit cette fixation et ce
froid glaçant. Elle demeura interdite d'admiration. La
noirceur du chocolat et du café lui inspira quelque
dégoût : elle demanda comment ces liqueurs étaient
extraites des plantes du pays. Un duc et pair qui se
trouvait là lui répondit :)

Les fruits dont ces boissons sont composées
viennent d'un autre monde, et du fond de l'Arabie.

TULLIA

Pour l'Arabie, je la connais, mais je n'avais
jamais entendu parler de ce que vous appelez café ;
et pour l'autre monde, je ne connais que celui d'où
je viens ; je vous assure qu'il n'y a point de chocolat dans ce monde-là.

M. LE DUC

Le monde dont on vous parle, madame, est un
continent nommé l'Amérique, presque aussi grand
que l'Asie, l'Europe, et l'Afrique ensemble, et
dont on a des nouvelles beaucoup plus certaines
que de celui d'où vous venez.

TULLIA

Comment ! nous qui nous appelions *les maîtres
de l'univers*, nous n'en aurions donc possédé que
la moitié ! cela est humiliant !

LE SAVANT

(Piqué de ce que madame Tullia avait trouvé ses vers mauvais, lui
répliqua brusquement :)

Vos Romains, qui se vantaient d'être les maîtres
de l'univers, n'en avaient pas conquis la vingtième

partie. Nous avons à présent au bout de l'Europe
un empire qui est plus vaste lui seul que l'empire
romain ; encore est-il gouverné par une femme qui
a plus d'esprit que vous, qui est plus belle que
vous, et qui porte des chemises. Si elle lisait mes
vers, je suis sûr qu'elle les trouverait fort bons.

> (Madame la marquise fit taire le savant, qui manquait de
> respect à une dame romaine, à la fille de Cicéron.
> M. le duc expliqua comment on avait découvert l'Amé-
> rique ; et, tirant sa montre, à laquelle pendait galam-
> ment une petite boussole, il lui fit voir que c'était avec
> une aiguille qu'on était arrivé dans un autre hémi-
> sphère. La surprise de la Romaine redoublait à chaque
> mot qu'on lui disait et à chaque chose qu'elle voyait ;
> elle s'écria enfin :)

Je commence à craindre que les modernes ne
l'emportent sur les anciens ; j'étais venue pour m'en
éclaircir, et je sens que je vais rapporter de tristes
nouvelles à mon père.

Voici ce que lui répondit

M. LE DUC

Consolez-vous, Madame ; nul homme n'approche
parmi nous de votre illustre père, pas même l'auteur de la *Gazette ecclésiastique*, ou celui du *Journal
chrétien* : nul homme n'approche de César, avec
qui vous avez vécu, ni de vos Scipions qui l'avaient
précédé. Il se peut que la nature forme aujour-
d'hui, comme autrefois, de ces âmes sublimes, mais
ce sont de beaux germes qui ne viennent point à
maturité dans un mauvais terrain.

Il n'en est pas de même des arts et des sciences ;

le temps et d'heureux hasards les ont perfectionnés. Il nous est plus aisé, par exemple, d'avoir des Sophocles et des Euripides que des personnages semblables à monsieur votre père, parce que nous avons des théâtres, et que nous ne pouvons avoir de tribune aux harangues. Vous avez sifflé la tragédie de *Catilina*; mais quand vous verrez jouer *Phèdre*, vous conviendrez peut-être que le rôle de Phèdre, dans Racine, est prodigieusement supérieur au modèle que vous connaissez dans Euripide. J'espère que vous conviendrez que notre Molière l'emporte sur votre Térence. J'aurai l'honneur, si vous le permettez, de vous donner la main à l'Opéra, et vous serez étonnée d'entendre chanter en parties. C'est encore là un art qui vous était inconnu.

Voici, Madame, une petite lunette; ayez la bonté d'appliquer votre œil à ce verre, regardez cette maison qui est à une lieue.

TULLIA

Par les dieux immortels, cette maison est au bout de ma lunette, et beaucoup plus grande qu'elle ne paraissait!

M. LE DUC

Eh bien, Madame, c'est avec ce joujou que nous avons vu de nouveaux cieux, comme c'est avec une aiguille que nous avons connu un nouvel hémisphère. Voyez-vous cet autre instrument verni dans lequel il y a un petit tuyau de verre proprement enchâssé? C'est cette bagatelle qui nous a fait découvrir la quantité juste de la pesanteur de l'air.

Enfin, après bien des tâtonnements, il est venu un homme qui a découvert le premier ressort de la nature, la cause de la pesanteur, et qui a démontré que les astres pèsent sur la terre, et la terre sur les astres. Il a parfilé la lumière du soleil, comme nos dames parfilent une étoffe d'or.

TULLIA

Qu'est-ce que parfiler, Monsieur?

M. LE DUC

Madame, l'équivalent de ce mot ne se trouve pas dans les oraisons de Cicéron, c'est effiler une étoffe, la détisser fil à fil, et en séparer l'or; c'est ce que Newton a fait des rayons du soleil; les astres lui ont été soumis, et un nommé Locke en a fait autant de l'entendement humain.

TULLIA

Vous en savez beaucoup pour un duc et pair; vous me paraissez plus savant que ce savant qui veut que je trouve ses vers bons, et vous êtes beaucoup plus poli que lui.

M. LE DUC

Madame, c'est que j'ai été mieux élevé, mais pour ma science, elle est très commune; les jeunes gens en sortant des écoles, en savent plus que tous vos philosophes de l'antiquité. C'est dommage seulement que nous ayons, dans notre Europe, substitué une demi-douzaine de jargons très imparfaits à la belle langue latine dont votre père fit un si admirable usage ; mais avec des instruments grossiers nous n'avons pas laissé de faire de très bons ouvrages, même dans les belles-lettres.

TULLIA

Il faut que les nations qui ont succédé à l'empire romain aient toujours vécu dans une paix profonde, et qu'il y ait eu une suite continue de grands hommes depuis mon père jusqu'à vous, pour qu'on ait pu inventer tant d'arts nouveaux, et que l'on soit parvenu à connaître si bien le ciel et la terre.

M. LE DUC

Point du tout, Madame, nous sommes des barbares qui sommes venus presque tous de la Scythie détruire votre empire, et les arts et les sciences. Nous avons vécu sept à huit cents ans comme des sauvages, et, pour comble de barbarie, nous avons été inondés d'une espèce d'hommes, nommés *les moines*, qui ont abruti dans l'Europe le genre humain que vous aviez éclairé et subjugué. Ce qui vous étonnera, c'est que, dans les derniers siècles de cette barbarie, c'est parmi ces moines mêmes, parmi ces ennemis de la raison, que la nature a suscité des hommes utiles. Les uns ont inventé l'art de secourir la vue affaiblie par l'âge ; les autres ont pétri du salpêtre avec du charbon, et cela nous a valu des instruments de guerre avec lesquels nous aurions exterminé les Scipions,

Alexandre et César, et la phalange macédonienne,
et toutes vos légions : ce n'est pas que nous
soyons plus grands capitaines que les Scipions, les
Alexandre et les César ; mais c'est que nous
avons de meilleures armes.

TULLIA

Je vois toujours en vous la politesse d'un grand
seigneur avec l'érudition d'un homme d'état ; vous
auriez été digne d'être sénateur romain.

M. LE DUC

Ah ! Madame, vous êtes bien plus digne d'être à
la tête de notre cour.

MADAME DE POMPADOUR

Madame aurait été trop dangereuse pour moi.

TULLIA

Consultez vos beaux miroirs faits avec du sable,
et vous verrez que vous n'aurez rien à craindre.
Eh bien ! Monsieur, vous disiez donc le plus poli-
ment du monde que vous en saviez beaucoup plus
que nous.

M. LE DUC

Je disais, Madame, que les derniers siècles sont
toujours plus instruits que les premiers, à moins
qu'il n'y ait eu quelque révolution générale qui ait
absolument détruit tous les monuments de l'antiquité. Nous avons eu des révolutions horribles,

mais passagères ; et dans ces orages on a été assez heureux pour conserver les ouvrages de votre père, et ceux de quelques autres grands hommes ; ainsi le feu sacré n'a jamais été totalement éteint, et il a produit à la fin une lumière presque universelle. Nous sifflons les scolastiques barbares qui ont régné longtemps parmi nous ; mais nous respectons Cicéron et tous les anciens qui nous ont appris à penser. Si nous avons d'autres lois de physique que celles de votre temps, nous n'avons point d'autre règle d'éloquence ; et voilà peut-être de quoi terminer la querelle entre les anciens et les modernes.

(Toute la compagnie fut de l'avis de M. le duc. On alla ensuite à l'Opéra de *Castor et Pollux*. Tullia fut très contente des paroles et de la musique, *quoi qu'on die*. Elle avoua qu'un tel spectacle valait mieux qu'un combat de gladiateurs.)

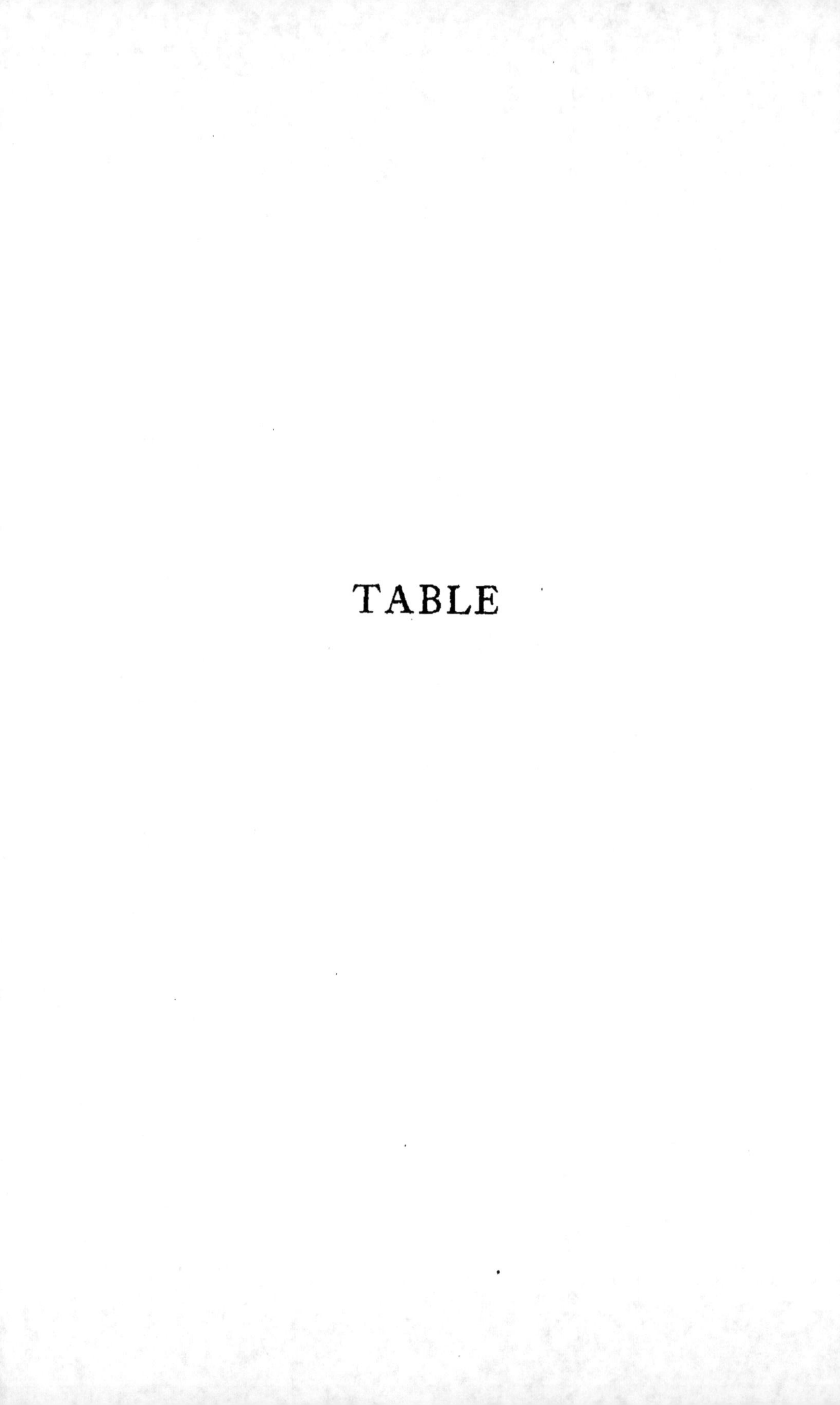

TABLE

LES ROMANS ET CONTES DE
VOLTAIRE PVBLIÉS PAR JACQVES
BAINVILLE POVR LA CITÉ DES
LIVRES ONT ÉTÉ ACHEVÉS D'IMPRI-
MER SVR LES PRESSES DV MAITRE
IMPRIMEVR R. COVLOVMA, A
ARGENTEUIL, H. BARTHÉLEMY
ÉTANT DIRECTEVR, LE VINGT-DEUX
AVRIL MIL NEVF CENT VINGT-SIX.

www.ingramcontent.com/pod-product-compliance
Lightning Source LLC
LaVergne TN
LVHW050310060726
842525LV00002B/488